한국어 학습자를 위한

한국 문화와 어휘

신호철 · 이현희 · 배현대 · 박아현 · 김보경
오지영 · 이진주 · 김의정 · 안경숙 · 김미정

한국문화사

preface

한국어 교육 현장에 있는 교사라면 누구나 한 번쯤 한국 문화 학습에 대한 필요성을 느꼈을 것이다. 또한 한국 문화를 배우기 위한 문화 학습 교재의 필요성도 느끼고 있을 것이다. 시중에서 한국어를 배우는 외국인 학습자들을 위한 한국 문화와 관련된 책들을 쉽게 구할 수 있다. 그 책들 중 교재의 성격을 갖는 책들도 다수이다. 하지만 막상 교실에서 사용할 수 있는 책은 손에 꼽기 힘들다.

'한국어 학습자를 위한 한국 문화와 어휘'는 이러한 필요성과 불충족성을 채우기 위해 제작되었다. 또한 본서는 '한국어의 어휘와 문화 고급편'의 기획과 획을 같이 한다. 그러나 '한국어의 어휘와 문화 고급편'이 어휘 중심의 고급 학습자용 교재라면 본서는 문화 중심의 초급 학습자를 위한 것이다. 그래서 책 제목을 중심 내용이 앞서도록 구성하였다.

본서는 한국어 초급 학습자들을 대상으로 하였는데 여기에서 초급 학습자란 꼭 학문 목적 학습자를 대상으로 하진 않는다. 대학 기관의 한국어 교육원이나 대학에서 학습하는 학생들뿐만 아니라 이주노동자, 결혼이민자 등의 학습자들도 이 교재를 쉽게 이용할 수 있도록 배려하였다. 또한 세계 각국에서 한국 문화에 관심을 갖는 많은 외국인들이 이 교재를 통해 한국 문화를 재미있게 학습하고, 한국 문화를 직간접적으로 체험할 수 있도록 구성하였다.

본서의 내용을 구성하고 있는 문화 항목은 일상성, 보편성, 특수성이라는 기준을 세워 선정하였다. '일상성'은 한국의 현실 생활과 직접적으로 관련을 맺고 있는 문화적인 요소의 성격, '보편성'은 한류와 같이 한국의 문화임과 동시에 세계의 문화로 널리 퍼져 있는 문화적인 요소의 성격, '특수성'은 한국 고유의 문화임을 나타낼 수 있는 문화적인 요소의 성격으로 규정하였다. 이 세 가지 선정 기준에 의거하여 한국 사회에 두루 걸쳐 있는 15개의 문화 항목을 선정하였다.

15개의 문화 항목 중 한국에서 생활하기 위해 알아야 할 중요한 문화뿐만 아니라 소셜네트워크서비스(SNS)나 한류의 K-pop과 같은 흥미로운 주제도 있다. 그리고 다양한 삽화와 사진을 제시하여 학습에 대한 이해를 도모하였고, 딱딱한 지식 전달이 아닌 흥미롭고 재미있는 활동을 통해 한국 문화에 대한 흥미를 높일 수 있도록 구성하였으며, 관련 문화를 체험할 수 있는 기회를 가질 수 있도록 구성하였다.

또한 교사와 학습자들을 배려하여 주제를 선택하고, 내용을 구성하였다. 이와 관련하여 한국어 교육 현장에서 적극적으로 활용할 수 있도록 기존의 초급 수준의 한국어 교재에서 다루어지는 주제들을 선정하여 본시 수업의 부교재로 활용하거나 특별 수업이나 문화 수업에서 활용할 수 있도록 하였다. 그리하여 교사와 학습자 간의 문화적 간극을 본서를 통해 좁힐 수 있는 기회가 제공될 수 있기를 기대한다.

그리고 한국 문화에 대한 이해뿐 아니라 해당 문화 관련 어휘 10여개를 각 과의 정리 부분에 제공하여 문화 어휘 학습에도 참고할 수 있도록 구성하였으며, 불충분한 문화 어휘를 보충하기 위해 부록으로 900개의 문화 어휘를 제공하였다. 이 어휘는 TOPIK의 초급 어휘 목록을 바탕으로 선정하였다.

'한국어 학습자를 위한 한국 문화와 어휘'가 한국어 학습자들의 한국 문화 학습뿐만 아니라 한국 문화에 관심 있는 외국인들에게도 일조하면서 한국어 교육이 한류 열풍의 보조적인 힘을 가하며 한류의 힘이 전 세계에 더욱 거세지기를 소망해 본다.

2014년 저자 일동

일러두기

- ‘한국어 학습자를 위한 한국 문화와 어휘’는 한국어 초급 수준의 학습자들을 위한 한국 문화 학습서로 총 15개의 과로 이루어져 있다.
- 15개의 과는 대화문의 길이나 어휘 수준에 따라 1급 7개 과, 2급 8개 과로 구분하였다.
- 학습자들이 한국 문화를 쉽고 재미있게 배울 수 있도록 학습자들에게 꼭 필요한 주제나 재미있는 주제를 선정하였다.
- 과명은 의문문으로 제시하여 학습자들이 스스로에게 질문하면서 학습 준비를 위한 배경지식의 활성화를 도모하도록 하였다.
- 각 대화문은 한국 학생 2명과 각국의 학생 6명이 등장인물로 나오면서 각 과의 주제와 관련된 대화를 10쌍 내외로 구성하였다.
- 대화문에서 어렵거나 중요한 어휘는 대화문 옆에 날개로 제시되었으며, 영어와 중국어를 함께 제시하여 한글 어휘 풀이에 대한 부담감을 덜어 주도록 하였다.
- 대화문 밑에 대화문과 관련된 삽화를 제시하여 초급 수준의 학습자들이 대화 내용을 쉽게 이해할 수 있도록 하였다.
- 각 과는 초급 학습자들이 쉽고 재미있게 공부할 수 있도록 지식 전달이나 과제 중심이 아닌 활동 위주로 구성하였다.
- 학습한 내용을 학습자 스스로 정리할 수 있는 요소를 두어 자기 주도적 학습의 기회를 제공하였다.
- ‘쉼터’를 두어 학습의 휴식뿐 아니라 관련 문화에 대한 추가 정보를 제공하였다.
- 각 과에서 배운 내용을 체험할 수 있도록 과의 마지막에는 ‘체험하기’를 두어 한국 문화의 직간접적인 체험을 유도하였다.
- 부록으로 한국어능력시험 초급 어휘 목록 공개용(www.topik.go.kr) 1,561개 어휘에서 900개의 문화 관련 어휘를 추출하여 제시하였다.

차 례

구성 요소와 주요 내용

1
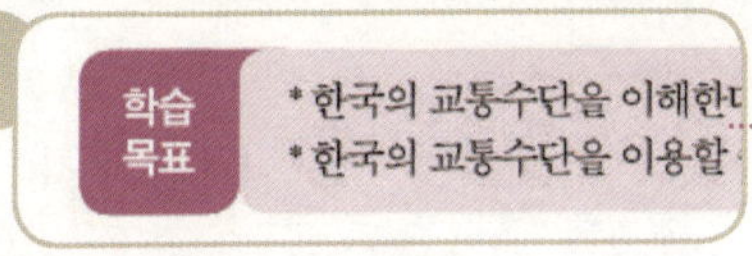

각 과에서 무엇을 학습하는지, 학습 후 어떤 기능을 익힐 수 있는지에 대해서 제시하였다.

2
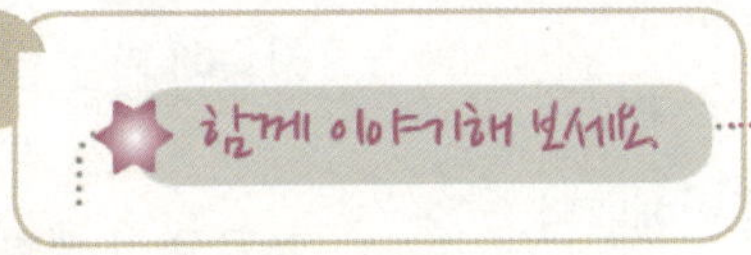

학습자의 배경지식을 활성화할 수 있도록 연관 질문을 제시하였다.

3

대화 내용을 이해하고 있는지 확인할 수 있는 질문을 제시하였다.

4

과의 주제와 관련된 넓은 범위의 문화 내용을 제시하고 그에 따른 활동을 제시하였다.

5

과의 주제와 관련된 세부적 문화 내용을 제시하고 그에 따른 활동을 제시하였다.

6

앞의 활동이 정보 제공에 중점을 두었다면 활동 3은 게임과 같은 모둠 활동에 중점을 두었다.

7

과에서 배운 내용을 정리할 수 있도록 하였다.

8
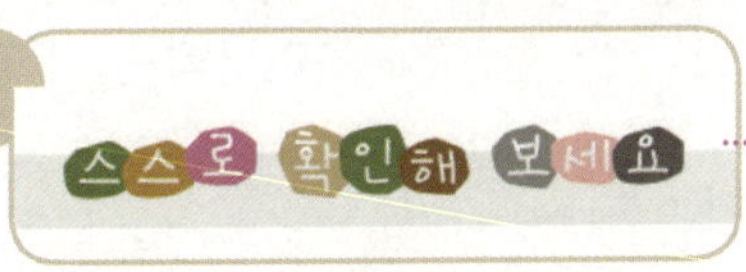

과에서 배운 내용을 얼마나 알고 있는지 학습자 스스로가 평가할 수 있도록 하였다.

9
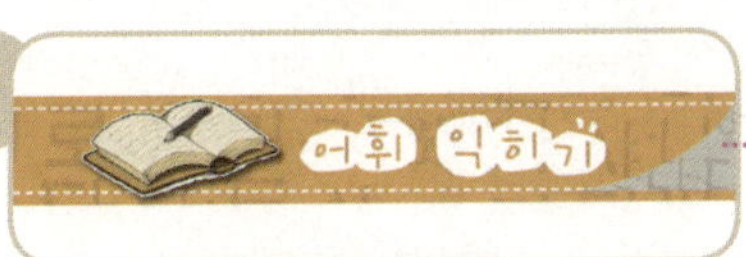

대화문에서 제시된 어휘 외에 과의 주제와 관련된 어휘들을 제시하고 어휘 학습을 통하여 어휘력을 키우도록 구성하였다.

10

학습을 마무리하고 다음 학습으로 넘어가기 전 학습자들에게 휴식을 제공하는 영역이다.

11

과제 영역으로 학습한 문화 영역을 직접 체험해 볼 수 있도록 하였다.

교수요목

과	과명	학습 목표	대화 주제
1	명동에 어떻게 가요?	* 한국의 교통수단을 이해한다. * 한국의 교통수단을 이용할 수 있다.	명동에 가는 방법
2	시간이 나면 무엇을 해요?	* 한국의 여가 활동에 대해서 이해한다. * 고향의 여가 활동에 대해서 소개할 수 있다.	겨울 방학 계획
3	시장에 가 봤어요?	* 한국의 시장에 대하여 이해한다. * 한국과 고향의 시장을 비교할 수 있다.	시장
4	가족이 모두 몇 명이에요?	* 한국의 가족 문화를 이해한다. * 자신의 가족을 소개할 수 있다.	가족 소개
5	한복을 입어 봤어요?	* 한국의 의복 문화에 대해 이해한다. * 고향의 전통 의상을 소개할 수 있다.	한복
6	팥죽을 먹어 봤어요?	* 한국의 음식 문화를 이해한다. * 한국 음식의 조리법을 알 수 있다.	동지와 팥죽
7	신발을 벗고 들어가요?	* 한국의 가옥 문화를 이해한다. * 한국과 고향의 가옥을 비교할 수 있다.	한국의 가옥 문화
8	내일이 무슨 날인데요?	* 한국의 기념일을 이해한다. * 나만의 기념일을 만들고 소개할 수 있다.	어버이날 선물
9	'강남 스타일' 몰라요?	* 한류 문화를 이해한다. * 한류 문화를 소개할 수 있다.	한국 노래
10	이모티콘이요?	* 한국의 통신 언어를 이해한다. * 이모티콘을 사용할 수 있다.	이모티콘
11	경주에 가 봤어요?	* 한국의 문화유산을 이해한다. * 고향의 문화유산과 소개할 수 있다.	경주의 문화유산
12	함이 뭐예요?	* 한국의 결혼, 장례, 제례 문화에 대해 이해한다. * 고향의 결혼, 장례, 제례 문화와 비교할 수 있다.	함
13	나는 누구일까요?	* 한국의 유명한 인물을 이해한다. * 한국의 인물을 소개할 수 있다.	세종대왕
14	책거리가 뭐예요?	* 한국의 교육 문화를 이해한다. * 한국과 고향의 교육 문화를 비교할 수 있다.	책거리
15	무슨 축제인데요?	* 한국의 축제 문화를 이해한다. * 고향의 축제를 소개할 수 있다.	머드 축제

교수요목

과	활동1	활동2	활동3	어휘	쉼터	체험하기
1	교통수단	교통수단 이용법	지하철 노선도	교통수단과 관련된 어휘	노약자석	교통수단 이용하기
2	취미 활동	찜질방	여가 계획	여가와 관련된 어휘	한국에서의 여가	여가 계획 세워 보기
3	상설 시장	특수 시장	'시장에 가면' 게임	시장과 관련된 어휘	화개장터	시장 체험해 보기
4	가족 어휘	가족 모습	호칭	가족과 관련된 어휘	1인 가족	가족 만들기
5	전통 한복과 개량 한복	옷의 종류	세계의 전통 옷	옷과 관련된 어휘	한복	한복 입어 보기
6	계절 음식	지역 음식	음식 만들기	음식과 관련된 어휘	김밥의 친구들을 아세요?	한국 전통 음식 먹어 보기
7	전통 가옥과 현대 가옥	과거와 현재 집의 내부구조, 온돌	세계의 전통 가옥	집과 관련된 어휘	제주도와 울릉도	한국의 전통 놀이해 보기
8	기념일	국경일	나의 기념일 만들기	특별한 날과 관련된 어휘	그려볼까요?	초대장 만들기
9	'강남 스타일' 노래	사물놀이, 판소리, 민요	한국 스타	한국 노래와 관련된 어휘	드라마 촬영장	한류 문화 체험하기
10	이모티콘	줄임말	유행어	인터넷과 관련된 어휘	SNS	우리 반 카페 만들기
11	신라의 수도 경주	세계 문화유산 수원 화성	미래의 문화유산	문화유산과 관련된 어휘	한국의 궁 (경복궁, 창덕궁)	우리 반 타임캡슐 만들기
12	한국의 결혼식	한국의 장례식	한국의 제례	결혼, 장례, 제례와 관련된 어휘	설날	결혼식 가보기
13	드라마 속 실제 인물	좋아하는 사람	'누구일까요?' 게임	인물과 관련된 어휘	화폐 속 인물을 아세요?	세종대왕 전시관, 청와대 사랑채 체험하기
14	서당과 책거리	한국의 교육	기러기 아빠	교육과 관련된 어휘	시험 전에 무엇을 드시겠어요?	교육 박물관 체험하기
15	계절별 축제	학교 축제	세계의 축제	축제와 관련된 어휘	한국의 축제는 언제 열려요?	축제 경험 편지 쓰기

등장인물 소개

지영

국적: 한국 / 나이: 24살
특징: 취미는 노래 부르며 춤추기예요.

정우

국적: 한국 / 나이: 24살
특징: 성격이 좋아서 인기가 많아요.

마리아

국적: 러시아 / 나이: 21살
특징: 성격이 밝고 얼굴도 예뻐서 인기가 많아요.

케빈

국적: 미국 / 나이: 22살
특징: 한국 음식 중에서 김치를 가장 좋아해요.

릴리

국적: 프랑스 / 나이: 24살
특징: 한국 가수를 좋아해서 한국에 왔어요.

마젤란

국적: 카메룬 / 나이: 20살
특징: 운동을 잘하고 특히 농구를 좋아해요.

팅팅

국적: 중국 / 나이: 22살
특징: 태권도를 배우고 싶어서 한국에 왔어요.

타쿠마

국적: 일본 / 나이: 23살
특징: 친구와 장난치는 것을 좋아해요.

제1부

01 명동에 어떻게 가요?

학습 목표

* 한국의 교통수단을 이해한다.
* 한국의 교통수단을 이용할 수 있다.

함께 이야기해 보세요.

1. 한국에서 어떤 교통수단을 이용해 보았어요?
2. 여러분 고향의 교통수단은 무엇이 있어요?

마젤란 지영 씨, 명동에 어떻게 가요?

지 영 지하철을 타고 가세요.

마젤란 지하철 몇 호선을 타요?

지 영 지하철 1호선을 타고 서울역에 가세요. 그리고 서울역에서 4호선으로 환승해서 명동역에서 내리세요.

마젤란 여기에서 명동까지 시간이 얼마나 걸려요?

지 영 시청역에서 명동역까지 지하철로 10분쯤 걸려요.

···› 지하철
subway
地下鐵

···› 환승하다
transfer
换乘

···› 타다
ride
乘

···› 내리다
get off
降

···› 쯤
about
顷

이해하기

1. 명동에 어떻게 가요?
2. 시청역에서 명동역까지 가려면 어디에서 환승해요?

활동 1

1 다음 그림에 맞는 교통수단을 〈보기〉에서 골라 괄호 안에 써 보세요.

보기

지하철	버스	비행기	자전거	
오토바이	택시	기차	걷기	배

1. ……………………

2. ……………………

3. ……………………

4. ……………………

5. ……………………

6. ……………………

7. ……………………

8. ……………………

9. ……………………

2 친구들이 집에서 학교까지 오는 방법과 걸리는 시간을 알아보세요.

이름	오는 방법	시간
지영	버스 → 지하철	35분

3 한국의 교통수단과 고향의 교통수단의 같은 점과 다른 점은 무엇인가요?

(1) 버스

마을버스	시내버스	광역버스	시외버스	심야버스	공항버스

* 버스 운행 정보
① 인터넷 : http://topis.seoul.go.kr
② 휴대전화 : 1577-0287
7 + 버스정류소 번호 + #
노선번호 + #

(2) 택시

일반택시	개인택시	모범택시	콜택시

* 콜택시 전화하기
전화: 서울 02) 555-5858 경기도 1688-8255

(3) 기차

무궁화호	새마을호	KTX	통근열차

* 코레일 문의 전화: 1544-7788/1588-7788

(4) 고향의 교통수단과 비교해서 이야기해 보세요.

교통수단	같은 점	다른 점
버스		
택시		
기차		

활동 2

1 다음 그림을 보고 질문에 알맞은 답을 써 보세요.

(1) 위의 그림은 어떤 교통수단과 관련이 있어요? (　　　　　　　　　　　)

(2) 위의 그림에 대한 설명 중 알맞은 것을 모두 고르세요. (　　　　　　　)

① 동대구에서 출발하는 표예요.

② 가격은 18,900원이에요.

③ 성인이 탈 수 있는 표예요.

④ 2011년 07월 30일 09시 40분에 도착하는 표예요.

⑤ 좌석 번호는 3번이에요.

2 다음 그림을 보고 질문에 알맞은 답을 써 보세요.

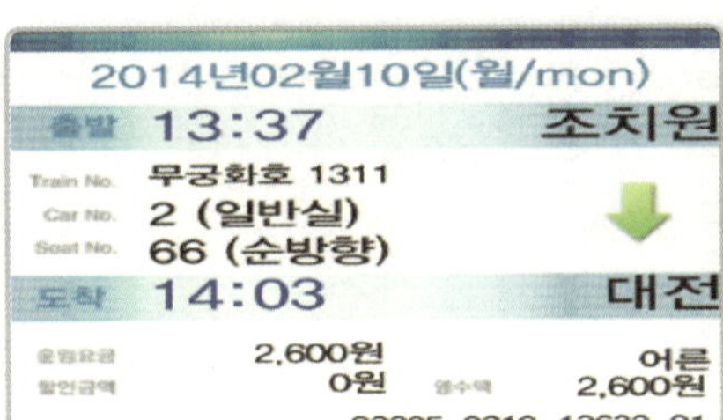

(1) 위의 그림은 어떤 교통수단과 관련이 있어요? (　　　　　　　　　　　)

(2) 위의 그림 내용에 대한 설명 중 알맞은 것을 모두 고르세요. (　　　　　　　)

① 무궁화호 표예요.

② 조치원에서 대전으로 가는 기차표예요.

③ 성인 요금이 2,600원이에요.

④ 도착 시간은 오후 1시 37분이에요.

⑤ 일반실 순방향의 버스표예요.

3 다음은 지하철 일회용 교통카드를 사용하는 방법이에요. 그림을 보고 알맞은 답을 써 보세요.

1. "일회용 발매 · 교통카드 충전기"에서 가고 싶은 곳을 선택하고 이용 요금과 보증금 500원을 넣는다.

2. "일회용 교통카드"를 발급받는다.

3. 오른쪽 교통카드 단말기의 교통카드 대는 곳에 일회용 교통카드를 찍는다.

4. 목적지에 도착한 후 "보증금 환급기"에 일회용 교통카드를 넣으면 보증금을 돌려받을 수 있다.

(그림 출처: 서울메트로, www.seoulmetro.co.kr)

(1) 일회용 교통카드가 뭐예요?

( )

(2) 위의 그림 내용과 같은 것을 고르세요. ( )

① 일회용 교통카드는 500원이에요.

② 일회용 교통카드는 1번만 사용할 수 있어요.

③ 일회용 교통카드는 하루만 사용할 수 있어요.

④ 일회용 교통카드는 보증금을 다시 돌려받을 수 있어요.

활동 3

1 다음 지하철 노선도를 보고 각 장소에 가는 방법을 친구와 같이 이야기해 보세요.

(1) 다음의 장소를 찾아보세요.

서울역	광화문	동대문	동묘앞	서빙고	선릉

(2) 〈보기〉와 같이 친구와 이야기해 보세요.

보기 가: 명동에 어떻게 가요?
나: 지하철 4호선을 타세요. 명동역에서 내려요.

1. 잠실
2. 광화문
3. 서울역
4. 여의도
5. 안국
6. 사당
7. 경복궁
8. 강남

2 다음 서울의 지하철 문화 노선도를 보고 어디에 가고 싶은지, 어디에 갔었는지를 친구와 이야기해 보세요.

(1) 1호선 문화 노선도: 덕수궁, 세종대왕기념관

(2) 위의 지하철 문화 노선도 중에서 가보고 싶고 체험하고 싶은 곳에 대하여 이야기해 보세요.

어디?	
누구와?	
왜?	
무엇을?	

정리하기

※ 한국의 교통수단의 이름을 써 보세요.

ㅂ ㅎ ㄱ

비행기

ㅌ ㅅ

ㄱ ㅊ

ㅈ ㅈ ㄱ

ㅂ ㅅ

ㅂ

ㅈ ㅎ ㅊ

ㅇ ㅌ ㅂ ㅇ

스스로 확인해 보세요

	상	중	하
1. 한국의 교통수단을 이해할 수 있다.			
	상	중	하
2. 한국의 교통수단을 이용할 수 있다.			

어휘 익히기

교통수단	transportation	交通手段
할인	discount	打折
스크린도어	platform screen door	屏蔽门系统
에스컬레이터	escalator	自动扶梯
벨	bell	门铃
단말기	card reader	终端机
노약자석	handicapped seating	老幼专座
교통카드	transportation card	交通卡
충전	recharge a transportation card	充电

1 다음 사진을 보고 빈칸에 알맞은 단어를 찾아 써 보세요.

(1) 단말기

(2) ....

(3) ....

(4) ....

(5) ....

(6) ....

(7) ....

(8) ....

쉼터

노약자석

노약자석 (Designated Seat for Senior Citizens and Disabled Persons)

"몸이 불편하신 분에게 자리를 양보해 주세요."

한국의 지하철과 버스에는 위와 같이 적혀 있는 자리가 있어요. 이 자리를 "노약자석"이라고 해요. 노약자석은 나이가 많으신 할아버지와 할머니, 몸이 불편한 사람, 아기를 가진 임산부 같은 사람들이 앉는 자리를 말해요. 젊은 사람들이 노약자석에 앉아 있으면 노약자를 배려하는 마음이 없는 사람으로 생각해요. 여러분이 한국의 버스와 지하철에서 노약자석을 보면 앉지 말고 할아버지, 할머니 그리고 몸이 불편하신 분에게 자리를 양보하세요. 서로의 마음이 즐거울 거예요.

체험하기

※ 여러분이 가고 싶은 곳을 다음의 교통수단을 이용하여 체험해 보세요.

교통수단	날짜	요금	표 붙이기
	출발지	도착지	
	년 월 일		
	년 월 일		
	년 월 일		
	년 월 일		
	년 월 일		

02 시간이 나면 무엇을 해요?

학습 목표

* 한국의 여가 활동에 대해서 이해한다.
* 고향의 여가 활동에 대해서 소개할 수 있다.

함께 이야기해 보세요.

1. 이 사람들은 무엇을 하고 있어요?
2. 여러분은 무엇을 해 보았어요?

팅 팅 이번 겨울 방학 때 무엇을 할 계획이에요?

지 영 친구들하고 강원도에 갈 거예요.

팅 팅 강원도에 가서 무엇을 할 거예요?

지 영 '스키장에 가서 스키도 타고 근처에 있는 산에도 올라 갈 거예요. 강원도는 산이 많아서 아름다워요.

팅 팅 참 재미있겠군요. 저도 보고 싶으니까 사진을 많이 찍어 오세요.

지 영 네, 알겠어요. 빨리 방학이 됐으면 좋겠어요.

…→ 계획
plan
计划

…→ 스키
ski
滑雪板

이해하기

1. 지영 씨는 이번 방학에 무엇을 할까요?
2. 강원도는 어떤 곳이에요?

활동 1

※ 다음 그림을 보고 학습 활동을 해 보세요.

등산하기

술 마시기

찜질방에 가기

동호회 활동하기

낮잠 자기

쇼핑하기

1 한국에서 경험한 취미 생활에 대하여 이야기해 보세요.

취미 생활	
느낀 점	

2 고향 사람들은 시간이 있으면 어떤 취미 활동을 하는지 〈보기〉와 같이 말해 보세요.

보기

프랑스 사람들은 영화 보기를 좋아해요. 프랑스 사람들은 주말뿐만 아니라 평일에도 시간이 나면 극장에 가요

⇒ 고향에서는

활동 2

※ 다음을 읽고 함께 이야기해 보세요.

타쿠마 케빈 씨, 주말에 어떻게 지냈어요?

케 빈 친구들하고 찜질방에 갔어요.
미국에는 찜질방이 없어서 저에게는 새로운 경험이었어요.

타쿠마 찜질방은 목욕을 하는 곳이에요?

케 빈 목욕도 하고 사람들이 모여서 음식도 먹어요. 그리고 잠을 자는 방도 있어요. 저는 계란하고 식혜를 먹었어요.

타쿠마 옷과 수건을 준비해야 돼요?

케 빈 아니요. 거기에서 줘요.

타쿠마 요금은 비싸요?

케 빈 아니요, 생각보다 비싸지 않아요. 그리고 동네마다 찜질방이 있어서 찾기가 쉬워요.

타쿠마 저도 한번 가 봐야겠네요.

1 찜질방에서 무엇을 할 수 있는지 더 찾아 이야기해 보세요.

1. 목욕

2.

3.

4.

5.

2 찜질방이나 목욕탕을 가 보았을 때의 경험을 이야기해 보세요.

3 고향에도 찜질방이나 목욕탕 같은 곳이 있다면 소개해 보세요.

활동 3

1 자신의 취미에 대해 친구들과 서로 이야기해 보세요.

질문	내용
취미가 뭐예요?	
취미 활동을 한 지 얼마나 되었어요?	
왜 그것을 좋아해요?	
얼마나 자주 해요?	
그것을 하면 뭐가 좋아요?	
또 다른 취미가 있어요?	

조·별·활·동

2 같은 취미를 가진 사람들이 모여서 동아리를 만들어 보고 여가 활동 계획을 세워 보세요.

동아리 이름	
무슨 동아리	
어떤 활동	
모집 대상	
활동 계획	

정리하기

※ 다음 빈칸에 알맞은 내용을 써 보세요.

사람들은 시간이 나면 ____________________거나 ______________________.

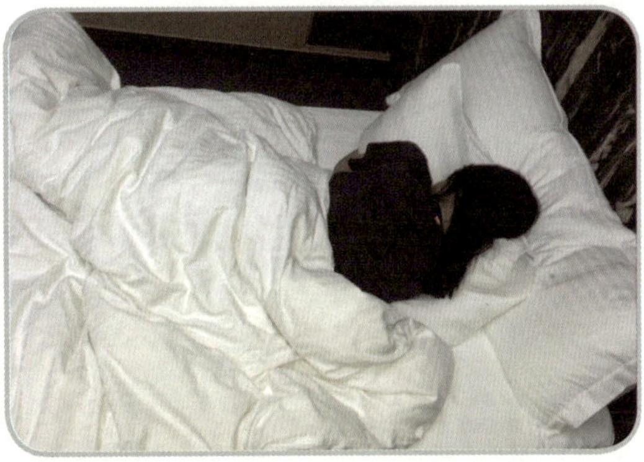

또 ______________________거나 ____________________________________.

스스로 확인해 보세요

	상	중	하
1. 한국의 여가 활동에 대해서 이해할 수 있다.			
	상	중	하
2. 고향의 여가 활동에 대해서 소개할 수 있다.			

어휘 익히기

여가	leisure time, free time	空闲
취미	hobby	趣味
쉬다	to rest, to unwind	休息
스트레스	stress	不适反应
여행하다	to travel	厉行
예약하다	to make a reservation	预约
호텔	hotel	饭店
낮잠	to take a nap	午睡
영화	to go to the movies	电影
쇼핑하다	to shop	买东西
산책하다	to go for a walk	遛弯儿

※ 다음 문장을 완성해 보세요.

1. 어제 백화점에서 ( ).

2. 극장에 가서 ( )을/를 봐요.

3. 영수 씨는 공원에 가서 ( ).

4. 우리는 여행 가서 ( )에서 잘 거예요.

5. 오늘 피곤해서 ( )을/를 잤어요.

쉼터

한국에서의 여가

마이클 씨,

그동안 잘 지냈어요?

저는 한국에서 잘 지내고 있어요. 이제 한국 친구들도 많이 사귀었어요.

시간이 날 때 한국 친구들과 같이 등산을 가요. 한국 사람들은 등산을 좋아하는 것 같아요. 이번 여름에는 설악산에 다녀왔어요. 설악산은 한국 사람들이 제일 좋아하는 산이라고 해요. 산에 올라가서 아름다운 경치를 구경했어요. 또 근처에 있는 바다에도 갔어요. 강원도는 산도 보고 바다도 볼 수 있어서 정말 좋았어요.

다음에는 친구들과 한라산에 갈 거예요. 한라산은 제주도에 있어요. 높이가 1950m이고 한국에서 제일 높은 산이에요. 제주도에서 한라산도 올라가고 해돋이도 구경할 거예요.

마이클 씨, 저는 요즘 너무 즐거워요. 나중에 다시 연락할게요.

릴리 보냄

체험하기

※ 다이어리에 여러분의 여가 활동 계획을 세워 보세요.

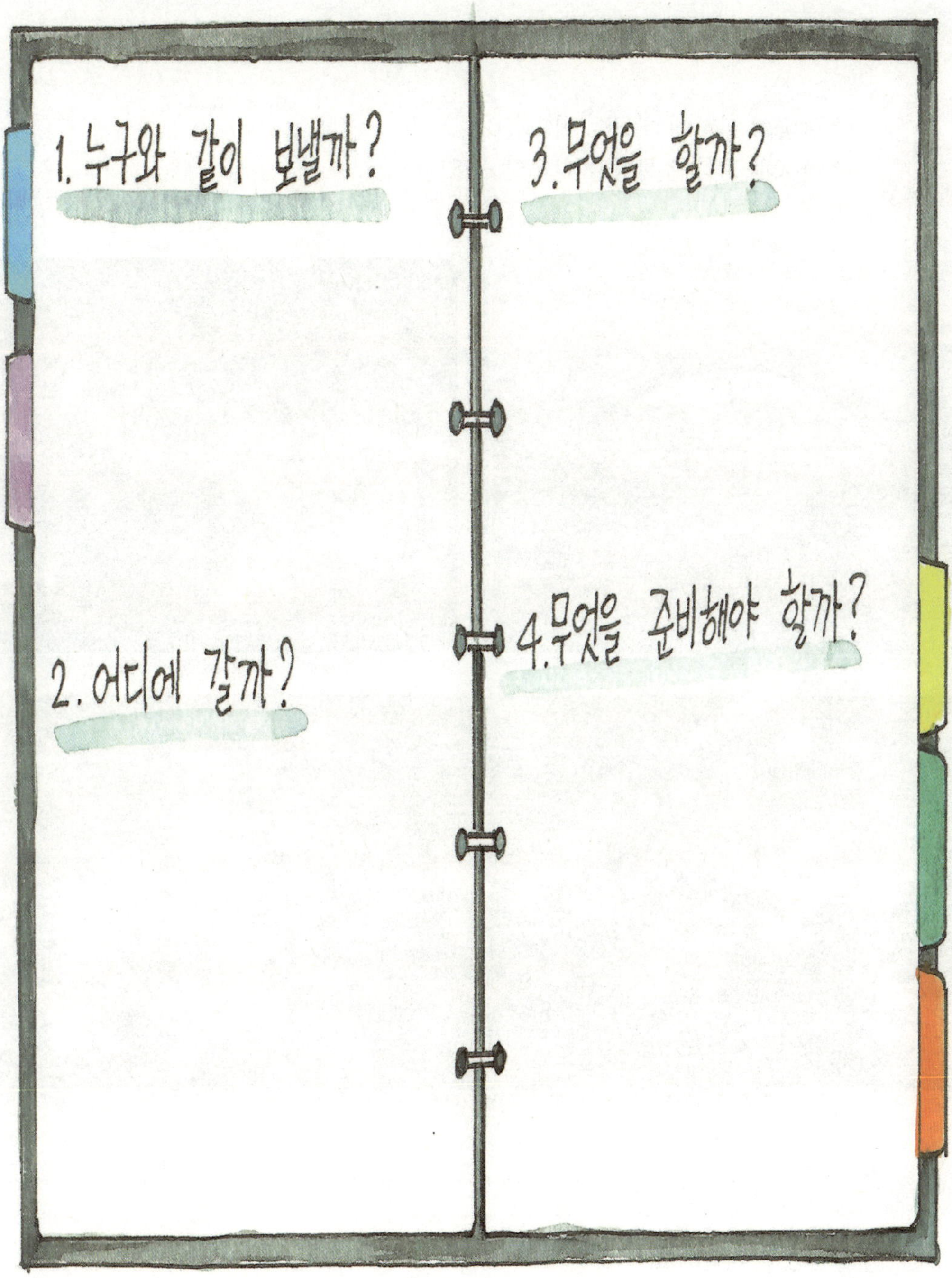

03 시장에 가 봤어요?

학습 목표

* 한국의 시장에 대하여 이해한다.
* 한국과 고향의 시장을 비교할 수 있다.

함께 이야기해 보세요.

1. 이 사진은 어디일까요?
2. 고향에도 사진 속의 장소와 같은 곳이 있어요?

정 우 팅팅 씨 어디 가요?

팅 팅 집에 음식이 없어서 슈퍼에 가고 있어요.

정 우 그래요? 저는 반찬 사러 시장에 갈거예요.
저랑 같이 갈까요?

팅 팅 시장이요? 그게 뭐예요?

정 우 슈퍼처럼 물건을 파는 곳이에요. 시장에
가면 살 수 있는 반찬이 많아요.

팅 팅 그래요? 재미있을 것 같아요.
그럼 저도 같이 가요!

···› 슈퍼
supermarket
超级市场

···› 시장
market
市场

···› 반찬
side dish
菜

이해하기

1. 팅팅 씨는 먹을 것을 사러 어디에 가려고 해요?
2. 정우 씨와 팅팅 씨는 어디에 갈 거예요?

활동 1

※ 다음을 읽고 학습 활동을 해 보세요.

① 재래시장

② 슈퍼마켓

③ 마트

④ 편의점

⑤ 백화점

1 한국에서 가 본 시장을 친구들에게 소개해 보세요.

시장 이름	

2 한국의 시장에 가 보았을 때 느낀 점을 써 보세요.

느낀 점

※ 다음을 보고 학습 활동을 해 보세요.

양재동 꽃 시장: 지하철 신분당선 양재시민의숲역 (서울특별시 서초구 양재동 232)

노량진 수산 시장: 지하철 1호선, 9호선 노량진역 (서울특별시 동작구 노량진동 13-8)

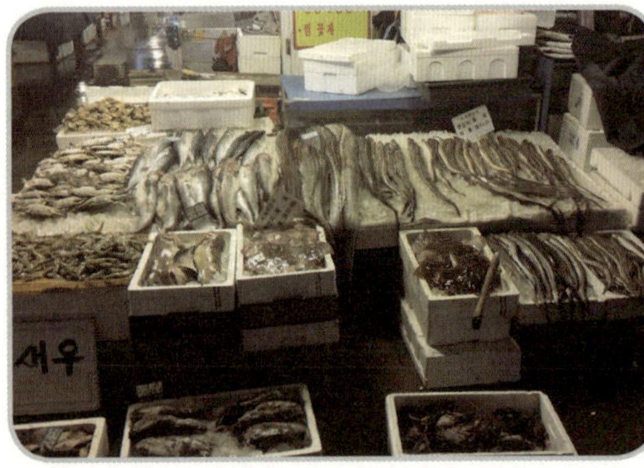

마장동 축산물 시장: 지하철 5호선 마장역 (서울특별시 성동구 마장동 510-3)

1 고향에 있는 시장을 친구들에게 소개해 보세요.

이름	
장소	
파는 물건	
특성	

2 한국의 시장과 고향의 시장의 차이점을 이야기해 보세요.

공통점	차이점

활동 3

1 시장에 가서 사고 싶은 물건을 자세하게 써 보세요.

1) 이름: 수량: 가격: 용도:	2) 이름: 수량: 가격: 용도
3) 이름: 수량: 가격: 용도:	4) 이름: 수량: 가격: 용도:
5) 이름: 수량: 가격: 용도:	6) 이름: 수량: 가격: 용도:

2 재미있는 '시장에 가면' 게임을 배워 보세요.

시장에 가면 바나나를 사고 ♬

시장에 가면 바나나를 사고 운동화도 사고 ♬♪

시장에 가면 바나나를 사고 운동화도 사고 모자도 사고 ♬♪♩

시장에 가면 바나나를 사고 운동화도 사고 모자도 사고 (   ) ♬♪♩♬

3 1에서 쓴 물건으로 '시장에 가면' 게임을 해 보세요.

1. 시장에 가면 바나나를 사고♬
2. 시장에 가면 바나나를 사고 (　　) 사고♬♪
3. 시장에 가면 바나나를 사고 운동화도 사고 (　　)사고♬♪♩
4. 시장에 가면 바나나를 사고 운동화도 사고 모자도 사고 (　　) ♬♪♩♬

……

정리하기

※ 다음 빈칸에 알맞은 말을 써 보세요.

한국의 시장에는 (   ), 백화점, (   ), (   ) 등이 있어요.

(   )은 항상 열리는 시장이다.

스스로 확인해 보세요

	상	중	하
1. 한국의 시장에 대하여 이용할 수 있다.			
2. 한국과 고향의 시장을 비교할 수 있다.			

어휘 익히기

싸다	cheap	便宜
비싸다	expensive	贵
구매자(소비자)	consumer	消费者
판매자	seller	卖方
생산자	producer	生产者
도매	wholesale	批发
소매	retail	零售
떨이	(marked-down) prices	甩卖
깎다	reduce	砍价

※ 다음 문장을 완성해 보세요.

1. 그 물건이 너무 비싸서 사장님에게 (　　　　　　　　)달라고 부탁했다.

2. 옷가게 주인은 옷을 하나씩 (　　　　　　　　)로 사지 않고 (　　　　　　　　)로 많이 산다.

3. 이 옷은 50만원이지만 50% (　　　　　　　　)서 25만원에 샀다.

4. 백화점 영업시간이 끝날 때쯤 가면 음식을 (　　　　　　　　)로 싸게 살 수 있다.

5. 같은 물건이면 소비자들은 당연히 (　　　) 곳보다 (　　　) 곳에서 물건을 산다.

쉼터

화개장터

- 경상남도 하동군 화개면 탑리에 있는 재래시장
- 옛날에는 섬진강의 물길을 주요 교통수단으로 하여 경상도와 전라도 사람들이 이 시장에 모여, 내륙에서 생산된 임산물 및 농산물과 남해에서 생산된 해산물들을 서로 교환하였다.
- 4월 화개장터 벚꽃 축제
- 5월 화개장터 역마 예술제

체험하기

※ 다음 중 여러분이 가고 싶은 시장을 체험하고 사진을 찍어서 붙여 보세요.

시장명	지역	시장명	지역	시장명	지역
경동시장	동대문구 제기동	공덕시장	마포구 공덕동	광장시장	종로구 예지동
남문시장	금천구 독산동	남평화시장	중구 신당동	대신시장	영등포구 신길동
동문시장	종로구 창신동	동부시장	동대문구 답십리동	동부시장	중랑구 상봉동
동평화시장	중구 신당동	모래내시장	서대문구 남가좌동	서울중앙시장	중구 황학동
신평화시장	중구 신당동	강남영동시장	강남구 논현동	영천시장	서대문구 영천동
우림시장	관악구 난곡동	중곡제일시장	광진구 중곡동	중부시장	중구 오장동
청평화시장	중구 신당동	통인시장	종로구 통인동	현대시장	금천구 시흥동

〈사진 붙이기〉

04 가족이 모두 몇 명이에요?

학습 목표

* 한국의 가족 문화를 이해한다.
* 자신의 가족을 소개할 수 있다.

함께 이야기해 보세요.

1. 무슨 사진이에요?
2. 사진 속의 사람들을 소개해 볼까요?

정　우 마리아 씨, 가족이 모두 몇 명이에요?

마리아 아버지와 어머니 그리고 오빠와 저 모두 네 명이에요.
정우 씨는 가족이 모두 몇 명이에요?

정　우 할머니와 부모님 그리고 누나, 저, 모두 다섯 명이에요.

마리아 가족이 모두 같이 살아요?

정　우 아니요, 저희 할머니는 부산에 계세요.
마리아 씨 부모님은 어디에 계세요?

마리아 저희 부모님은 러시아에 계세요.

···› 가족
family
家族

···› 모두
everyone
全都

이해하기

1. 정우 씨의 가족은 모두 몇 명이에요?
2. 마리아 씨의 부모님은 어디에 계세요?

활동 1

1 그림에 알맞은 호칭어를 〈보기〉에서 찾아 빈칸에 써 보세요.

보기					
할아버지	할머니	외할아버지	외할머니	아버지	어머니
언니	오빠	누나	형	남동생	여동생

2 한국은 아버지와 동생에게 말할 때 사용하는 어휘가 다른데, 그 어휘들을 배워 보세요.

동생, 친구

할아버지, 아버지……

동생, 친구	할아버지, 아버지……
동생이	할아버지께서
동생은	할아버지께서는
밥	진지
집	댁
생일	생신
나이	연세
이름	성함
있다	계시다
자다	주무시다
주다	드리다
죽다	돌아가시다
말하다	말씀하시다
먹다/마시다	드시다

3 다음 그림을 보고 어휘들을 사용하여 문장을 완성해 보세요.

(1) 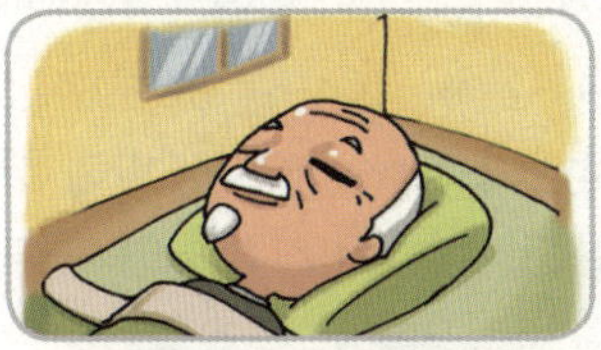

할아버지 / 방 / 자다

⇒

(2) 

아버지 / 커피 / 마시다

⇒

(3) 

동생 / 도서관 / 있다

⇒

※ 다음 그림을 보고 한국의 가족 문화를 알아보세요.

〈대가족〉

할아버지와 할머니, 아버지와 어머니, 결혼을 하지 않은 자녀 이외에 더 넓은 범위의 가족을 포함한 가족을 말해요.

한국의 대가족은 1970년 19.1%, 1975년 11.4%, 1980년 11.0%, 1985년 10.7%, 1990년 10.2%, 1995년 9.1%, 2000년 8.0%, 2005년 6.9%, 2010년 6.2%예요. 이는 조선 후기의 직계가족이 23%~40%로 나타난 것에 비교할 때 매우 낮은 수치이며, 또한 최근 40년간에는 급격한 감소 경향을 보이고 있어요.
〈한국민족문화대백과〉, 한국학중앙연구원

〈핵가족〉

아버지와 어머니, 결혼을 하지 않은 자녀로 이루어진 가족을 말해요.

한국의 핵가족은 1970년 71.5%, 1975년 70.7%, 1980년 72.9%, 1985년 75.3%, 1990년 76.0%, 1995년 79.8%, 2000년 82.0%, 2005년 82.7%, 2010년 82.3%예요. 이는 조선시대의 45%~76%에 비해 상대적으로 높은 것이며, 이 기간 동안 계속 증가하는 경향을 보여주는 거예요.
〈한국민족문화대백과〉, 한국학중앙연구원

⇒ 현대의 한국 가족은 핵가족이 점점 늘어나고 대가족은 점점 줄어들고 있어요. 특히 결혼한 사람들이 부모님과 같이 살지 않는 비율이 점점 늘어나고 있어서 핵가족이 늘어나고 있어요. 그러나 함께 살지 않더라도 가족끼리 아주 친밀하게 지내고 있어요.

1 〈보기〉와 같이 친구의 가족 모습을 써 보세요

〈보기〉			
이름	나라	가족 모습	누구　　예요?
지영	한국	핵가족	아버지, 어머니, 오빠, 지영

2 〈보기〉와 같이 자신의 가족을 소개하는 글을 써 보세요.

보기　저의 가족은 모두 네 명이에요. 아버지, 어머니, 오빠 그리고 저예요.
아버지께서는 선생님이세요. 어머니께서는 회사원이세요.
오빠는 회사원이고 저는 대학생이에요.

⇒

활동 3

1 다음 상황에 알맞은 호칭어를 〈보기〉에서 골라 써 보세요.

보기	언니	누나	오빠	형	이모	삼촌

〈식당에서 주문할 때〉

〈남자 후배가 남자 선배에게〉

〈미용실, 백화점에서 손님에게〉

〈여자가 나이가 위인 남자에게〉

2 다음 상황에서 사용하는 호칭을 써 보세요.

상황	호칭
자기보다 나이가 많은 남자를 부를 때	⇒ 선생님, 사장님, 아저씨, ( )
자기보다 나이가 많은 여자를 부를 때	⇒ 아주머니, 사모님, ( )
자기보다 나이가 어린 여자를 부를 때	⇒ 아가씨, ( )
식당에서 일하는 아주머니/아저씨에게	⇒ 이모/삼촌, ( )
식당에서 음식을 주문할 때	⇒ 여기요, 저기요, ( )
남자 후배가 여자 선배에게	⇒ ( )
여자 후배가 남자 선배에게	⇒ ( )

3 위와 같이 고향에서 사용하는 각 상황의 호칭에 대하여 친구들과 이야기하고 써 보세요.

나라	상황	호칭

정리하기

※ 〈보기〉에서 알맞은 어휘를 골라 빈칸에 써 보세요.

보기					
할아버지	할머니	외할아버지	외할머니	아버지	어머니
언니	오빠	누나	형	남동생	여동생

아버지의 아버지	ㅎ ㅇ ㅂ ㅈ	
어머니의 어머니	ㅇ ㅎ ㅁ ㄴ	
 20살 → 24살 	ㄴ ㄴ	
 22살 → 24살 	ㅎ	
 21살 → 24살 	ㅇ ㄴ	
 22살 → 23살 	ㅇ ㅃ	

스스로 확인해 보세요

	상	중	하
1. 한국의 가족 문화를 이해할 수 있다.			
	상	중	하
2. 자신의 가족을 소개할 수 있다.			

어휘 익히기

딸	daughter	女儿
아들	son	儿子
손자	grandson	孙子
손녀	granddaughter	孙女
고모	aunt, one's father's sister	姑母
고모부	uncle, husband of one's aunt[father's sister]	姑父
이모	aunt, one's mother's sister	姨母
이모부	uncle, husband of one's aunt[mother's sister]	姨夫
삼촌	uncle	叔
숙모	aunt, the wife of one's father's younger brother	叔母
큰아버지	an uncle, the elder brother of one's father	伯父
큰어머니	an aunt, the wife of the elder brother of one's father	伯母

※ 다음 빈칸에 알맞은 단어를 써 보세요.

(1)	아버지의 누나, 여동생	고모
(2)	어머니의 언니, 여동생	
(3)	아버지의 형	
(4)	어머니의 오빠	
(5)	이모와 결혼한 사람	
(6)	고모와 결혼한 사람	
(7)	삼촌과 결혼한 사람	
(8)	큰아버지와 결혼한 사람	
(9)	아들이나 딸의 딸	
(10)	아들이나 딸의 아들	

쉼터

1인 가구

한국의 가족 모습은 대가족과 핵가족이 있어요. 그렇지만 요즈음 한국에서 많이 볼 수 있는 가족의 모습은 1인 가족이에요. 1인 가족은 결혼을 하지 않은 사람이 가족과 같이 살지 않는 경우나 노인 혼자서 사는 경우 등이 있어요.

1980년에는 한국의 1인 가구가 4.8%였지만 1990년에는 9%, 1995년에는 12.7%, 2000년에는 15.6%, 2005년에는 20.0%, 2010년에는 23.9%로 계속 많아지고 있어요. 2010년에는 1인 가구 전체의 19.2%가 70세 이상의 노인이에요.

〈한국민족문화대백과〉, 한국학중앙연구원

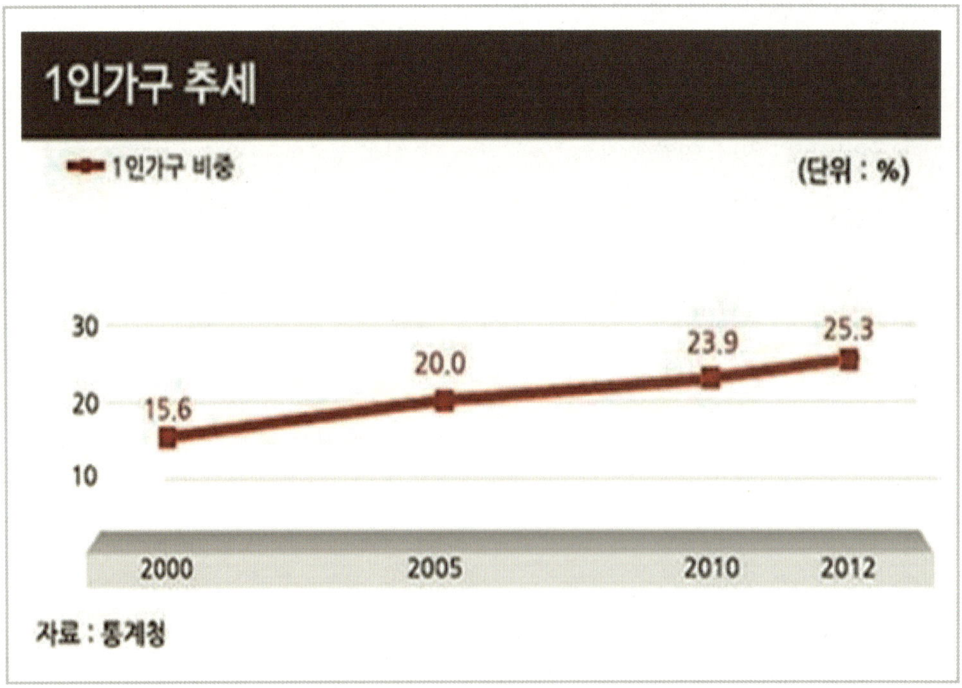

체험하기

※ 우리 반 친구는 모두 여러분의 가족이에요. 빈칸에 우리 반 친구를 그려서 새로운 가족을 만들고 친구들에게 소개해 보세요.

할아버지　할머니　외할아버지　외할머니

아버지　어머니

오빠 / 형　언니 / 누나　나　남동생　여동생

05 한복을 입어 봤어요?

학습 목표

* 한국의 의복 문화에 대해 이해한다.
* 고향의 전통 의상을 소개할 수 있다.

함께 이야기해 보세요.

1. 위 사진 속의 옷 이름이 뭐예요?
2. 언제 이 옷을 입어요?

마리아 저기 신랑 옆에 있는 사람이 누구예요?

정 우 신랑 누나예요.

마리아 누나가 입은 옷이 뭐예요? 참 예쁜데요.

정 우 한복이라고 해요.

마리아 저도 하나 사고 싶어요. 어디에서 살 수 있어요?

정 우 시장이나 인사동에서 살 수 있어요.

···› 신랑
brideground
新郎

이해하기

1. 두 사람이 대화하고 있는 장소는 어디예요?
2. 한복은 어디에서 살 수 있어요?

활동 1

※ 다음을 읽고 함께 이야기해 보세요.

2014년 3월 15일 맑음

오늘 친구와 같이 인사동에 갔다.

주말이었기 때문에 인사동에는 사람이 많았다.

한국 전통 물건을 사는 사람, 여기저기 구경하는 사람, 사진을 찍는 외국인도 있었다. 나와 친구는 한복 가게에 들어가서 한복을 구경했다. 여러 가지 색깔과 모양의 한복이 있었다.

주인아주머니께서 전통 한복을 소개해 주셨는데 저고리는 짧고 치마는 길었는데, 색깔이 아주 예뻤다. 나는 한번 입어 보았다. 한복이 잘 어울렸다.

주인아주머니는 요즘 한국 사람들이 개량 한복도 많이 입는다고 알려 주셨다. 개량 한복은 전통 한복과는 다르게 치마가 짧았다.

색깔은 전통 한복보다 예쁘지 않았지만 입고 편하게 활동할 수 있을 것 같았다. 나는 전통 한복을 사기로 하고 친구는 개량 한복을 사기로 했다. 색깔은 아직 못 정했지만 한복을 입을 생각을 하니까 기뻤다.

1 인사동에는 무엇을 하는 사람들이 있었는지 써 보세요

1)

2)

3)

2 전통 한복과 개량 한복이 무엇이 다른지 써 보세요.

전통 한복	개량 한복

3 자신이 한복을 산다면 어떤 한복을 사고 싶은지 적어 보세요.

1) 종류:

2) 이유:

활동 2

※ 다음 사진을 보고 학습 활동을 해 보세요.

신사복/양복

투피스

원피스

운동복

스웨터

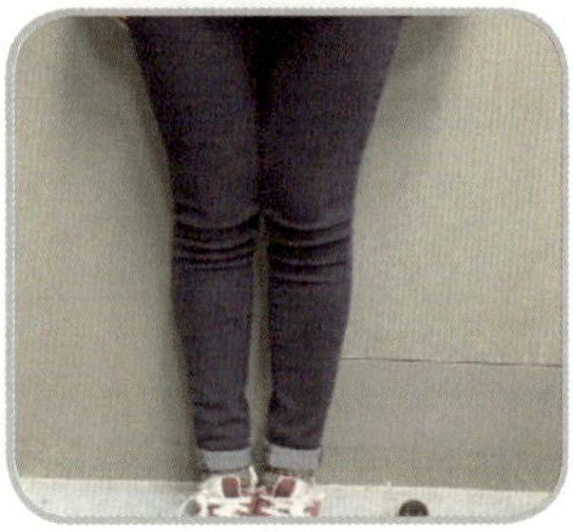

스키니진

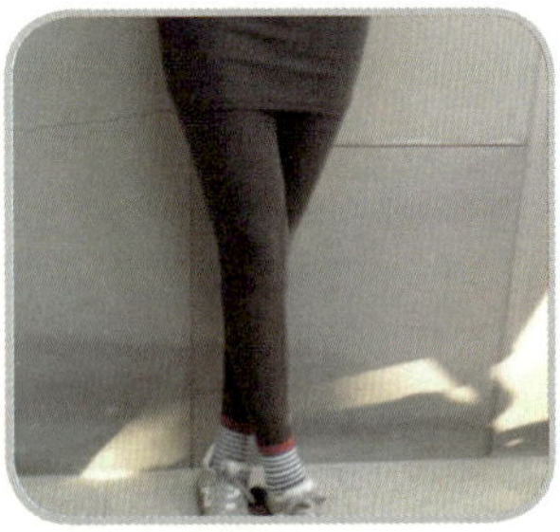

레깅스

미니스커트

1 다음의 상황에 따라 어떤 옷을 입을지 앞의 사진을 보고 골라 보세요.

	남자	여자
결혼식에 갈 때		
소개팅할 때		
면접 볼 때		
산책할 때		
학교 갈 때		

2 고향에서는 어떤 옷이 유행하고 있는지 〈보기〉와 같이 말해 보세요.

보기

요즘 한국의 젊은 여자들은 미니스커트와 레깅스를 많이 입어요. 남자들도 스키니진과 셔츠를 즐겨 입어요.

고향에서는

1 다음 전통 의상과 나라 이름을 바르게 연결해 보세요.

• 프랑스

• 일본

• 중국

• 베트남

2 고향의 전통 의상을 소개해 보세요.

① 옷 이름이 뭐예요?	
② 언제 그 옷을 입어요?	
③ 특징이 뭐예요?	

3 고향의 전통 의상을 그려 보세요.

정리하기

※ 다음 빈칸에 알맞은 표현을 써 보세요.

한복에는 ____________________와/과 ____________________이/가 있어요.

회사 면접을 볼 때 남자는 ____________을/를 입고 여자는 ____________을/를 입어요.

스스로 확인해 보세요

	상	중	하
1. 한국의 의복 문화를 이해할 수 있다.			
	상	중	하
2. 고향의 전통 의상을 소개할 수 있다.			

어휘 익히기

한복	Hanbok	韩服
치마	skirt	裙子
저고리	the upper part of Hanbok	（韩式）上衣
바지	pants	裤（子）
전통	tradition	传统
운동복	sports clothes	运动服
주문하다	to order	订货
장갑	gloves	手套
고르다	to choose	选择
맞추다	to have a suit made	订做

※ 다음 문장을 완성해 보세요.

1. 한복은 한국의 (   ) 의상이에요.

2. 옷을 인터넷으로 (   ).

3. 운동할 때 (   ) 을/를 입어요.

4. 옷 가게에서 친구에게 잘 어울리는 옷을 내가 (   ).

5. 너무 손이 시려워서 (   ) 을/를 꼈어요.

쉼터

한복

①

②

③

④

① **두루마기**

전통 한복의 한 종류예요. 밖에 나갈 때 입는 옷이에요.

② **마고자**

한복 저고리 위에 입는 옷이에요. 남자 여자 모두 입는 옷이에요.

③ **한복 조끼**

한복 저고리나 적삼 위에 입는 옷이에요. 아이가 입는 조끼도 있어요.

④ **버선**

양말처럼 신는 것이에요.

체험하기

※ 한복을 체험할 수 있는 장소에 가서 한복을 입어 보세요.

민속촌과 한옥마을에서 한복을 입어 볼 수 있어요.

1. 민속촌: http://www.koreanfolk.co.kr

2. 한옥마을: http://hanokmaeul.seoul.go.kr

〈한복을 입은 나의 모습〉

〈사진 붙이기〉

06 팥죽을 먹어 봤어요?

학습 목표

* 한국의 음식 문화를 이해한다.
* 한국 음식의 조리법을 알 수 있다.

함께 이야기해 보세요.

1. 이 음식의 이름을 알아요?
2. 고향에 이것과 비슷한 음식이 있어요?

릴 리 오늘 저녁에 뭘 먹을까요?

타쿠마 팥죽을 먹는 게 어때요?

릴 리 그게 뭐예요?

타쿠마 동지에 먹는 음식이에요.

릴 리 동지가 뭐예요?

타쿠마 일 년 중 밤이 가장 긴 날이에요.

릴 리 아! 그래요? 타쿠마 씨는 팥죽을 먹어 봤어요?

타쿠마 아니요. 오늘 아침에 한국 친구에게 들어서 알았어요.

릴 리 그럼 오늘 저녁은 팥죽으로 해요.

···› 팥죽
팥을 삶아서 으깨어 체에 거른 물에 쌀을 넣고 쑨 죽

···› 동지
winter solstice
冬至

이해하기

1. 팥죽은 언제 먹는 음식이에요?
2. 타쿠마 씨는 팥죽을 어떻게 알았어요?

활동 1

※ 다음을 읽고 학습 활동을 해 보세요.

(㉮)

봄에 피는 꽃을 사용해서 만들어 먹는 떡을 화전이라고 해요.

더운 여름에, 특히 삼복더위에는 몸을 건강하게 하려고 특별한 음식을 먹어요. 먹으면 힘이 나는 음식인데, 보통 닭으로 요리한 삼계탕을 먹어요.

가을에는 쌀, 과일, 야채 모든 것이 다른 계절보다 많고 좋아요. 햇곡식으로 달 모양의 송편을 만들어서 먹어요.

팥죽은 겨울에 밤이 가장 긴 날인 동지 때 먹는 음식이에요. 집에 나쁜 일이 들어오지 말라고 먹어요.

1 ㉮에 알맞은 제목을 만들어 보세요.

제목	

2 고향에도 봄, 여름, 가을, 겨울에 먹는 음식이 있는지 써 보세요.

❶ 이름이 뭐예요?	
❷ 언제 먹어요?	
❸ 왜 먹어요?	
❹ 무슨 특징이 있어요?	

3 고향에서 계절에 따라, 또는 특별한 날에 먹는 음식이 있어요? 그림이나 사진을 통해 친구들에게 소개해 보세요.

활동 2

※ 다음을 보고 학습 활동을 해 보세요.

1 위의 사진 속의 음식에 대하여 아래 질문에 대답해 보세요.

① 먹어 본 음식이 있어요?	
② 어디에서 먹어 보았어요?	
③ 맛은 어때요?	
④ 어떤 음식을 먹어 보고 싶어요?	
⑤ 다른 지역의 음식 중에 아는 음식이 있어요?	

2 친구와 같이 고향 음식에 대해서 이야기해 보세요.

① 어떤 음식이 유명해요?	
② 그 음식이 왜 유명해요?	

활동 3

※ 다음을 보고 학습 활동을 해 보세요.

썰다

채썰다

다지다

섞다

무치다

다듬다

찌다

삶다

끓이다

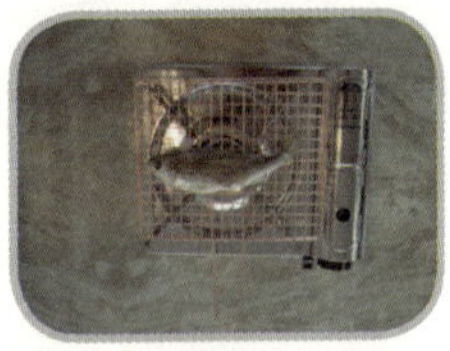
굽다

볶다

튀기다

1 다음 단어와 관계있는 요리 방법을 위에서 찾아 써 보세요.

불	물	칼	손

2 친구에게 맛있는 음식을 만들어 주려고 하는데, 어떤 음식을 어떻게 만들면 좋을지 아래 그림을 보고 〈보기〉와 같이 써 보세요.

〈재료〉

보기

김치찌개

▶ 이 음식을 왜 만들어요?

한국에 와서 처음 먹은 음식

▶ 어떻게 만들어요?

1. 양파와 파를 다듬고 채 썰어요.
2. 김치를 썰어요.
3. 김치를 볶은 후에 물을 넣고 10분 정도 끓여요.
4. 마지막에 양파와 파를 넣고 5분 더 끓여요.

▶ 이 음식을 왜 만들어요?

▶ 어떻게 만들어요?

정리하기

※ 다음 내용이 맞으면 ○, 틀리면 × 하세요.

내용	○/×
❶ 밤이 가장 긴 날에 팥죽을 먹어요.	
❷ 삼계탕은 봄에만 먹어요.	
❸ 가을에는 꽃 모양 송편을 먹어요.	
❹ 전라도는 비빔밥이 유명해요.	
❺ 제주도는 닭갈비가 유명해요.	

스스로 확인해 보세요

	상	중	하
1. 한국의 음식 문화에 대해서 이해할 수 있다.			
	상	중	하
2. 한국 음식의 조리법을 소개할 수 있다.			

어휘 익히기

탕	일반적인 국에 비해 오래 끓여 진하게 국물을 우려낸 것(湯)
국	고기, 생선, 채소 따위에 물을 많이 붓고 간을 맞추어 끓인 음식
찌개	고기·채소·두부 등을 넣고, 간장·된장·고추장 등으로 양념하여 국물을 바특하게 끓인 반찬
전	생선이나 고기, 채소 따위를 얇게 썰거나 다져 양념을 한 뒤, 밀가루를 묻혀 기름에 지진 음식
찜	고기나 채소에 여러 가지 양념을 하여 찌거나 국물이 바특하게 삶은 음식
볶음	어떤 재료에 양념을 하여 볶은 음식

※ 위의 어휘를 사용해서 음식 이름을 완성하거나 그려 보세요.

오징어 ________

파 ________

된장 ________

미역 ________

갈비 ________

해물 ________

김치 ________

설렁___

순댓___

쉼터

김밥의 친구들

떡볶이

순대

튀김

어묵

길거리 음식 중에서 한국 사람들은 김밥, 떡볶이, 순대, 튀김, 어묵 같은 것을 좋아해요. 이 음식들은 싸고 맛있어요. 또 파는 곳을 쉽게 찾을 수 있어서 사람들이 자주 먹어요. 특히 김밥을 먹을 때 김밥만 먹어도 맛있지만 떡볶이, 튀김, 어묵과 같이 먹으면 더 맛있어요. 서로 잘 어울려서 "김떡순"이라는 별명도 가지고 있어요. 김밥과 떡볶이와 순대라는 말이에요.

체험하기

※ 한국의 전통 음식을 먹고 사진을 찍어 보세요.

〈사진 붙이기〉

07 신발을 벗고 들어가요?

학습 목표

* 한국의 가옥 문화를 이해한다.
* 한국과 고향의 가옥을 비교할 수 있다.

함께 이야기해 보세요.

1. 지영 씨가 왜 놀랐을까요?
2. 혹시 여러분도 이런 경험이 있어요?

마리아 정우 씨, 제가 어제 한국 친구 집에 갔는데 신발을 신고 들어갔는데 친구가 깜짝 놀랐어요.

정 우 한국 문화를 잘 몰라서 실수를 했군요. 한국 사람들은 집에 들어갈 때 신발을 벗고 들어가요.

마리아 그리고 집에 들어갔는데 바닥이 따뜻해서 춥지 않았어요.

정 우 한국에는 온돌 문화가 있어서 거실 바닥에 앉아서 텔레비전도 보고 이야기도해요.

마리아 그렇군요. 다음에 한국의 옛날 집도 구경하고 싶어요.

정 우 서울에 남산 한옥마을이 있어요. 이번 주말에 같이 가요.

···› 실수
mistake
失误

···› 바닥
floor
地板面

···› 거실
living room
巨室

···› 남산 한옥마을
Namsangol
Hanok Village
南山韓屋村子

이해하기

1. 마리아 씨는 어떤 실수를 했어요?
2. 두 사람은 한국의 옛날 집을 구경하러 어디에 가요?

활동 1

1 다음 사진을 보고 기와집과 초가집을 비교해 보세요.

기와집

초가집

	기와집	초가집
집 모양이 어떻게 달라요?		
어떤 사람이 살았어요?		

2 다음 사진을 보고 아파트와 단독주택을 비교해 보세요.

아파트

단독주택

	아파트	단독주택
집 모양이 어떻게 달라요?		
얼마나 많은 가족이 살아요?		

3 1과 2의 사진을 보고 한국의 과거의 집과 현재의 집은 어떻게 다른지 친구와 이야기해 보세요.

	과거의 집	현재의 집
집 모양이 어때요?		
무엇으로 만들었어요?		
대문의 모양이 어때요?		
마당은 어떻게 달라요?		
무엇이 있고 무엇이 없어요?		

활동 2

1 다음 사진을 보고 현재의 집과 과거의 집의 장소가 같은 것끼리 연결해 보세요.

 ❶ (A) 

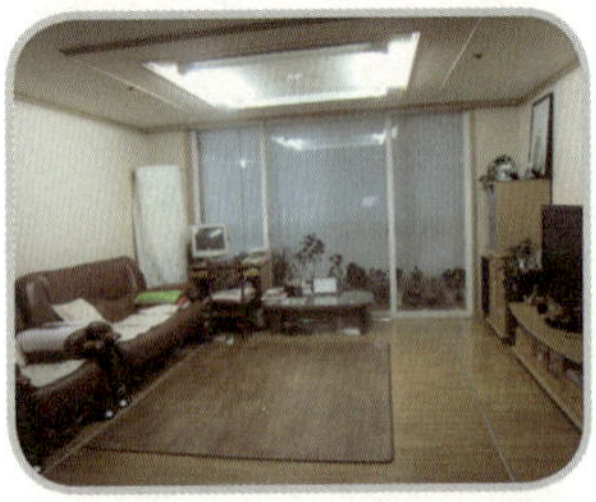 ❷ (B) 

 ❸ (C) 

 ❹ (D) 

 ❺ (E) 

2 1의 사진을 보고 과거와 현재의 집이 어떻게 다른지 써 보세요.

안방	옛날	
	현재	
방	옛날	
	현재	
부엌(주방)	옛날	
	현재	
화장실	옛날	
	현재	
마루(거실)	옛날	
	현재	

3 다음을 읽고 질문에 답해 보세요.

온돌 (korean underfloor heating system, 火炕,)

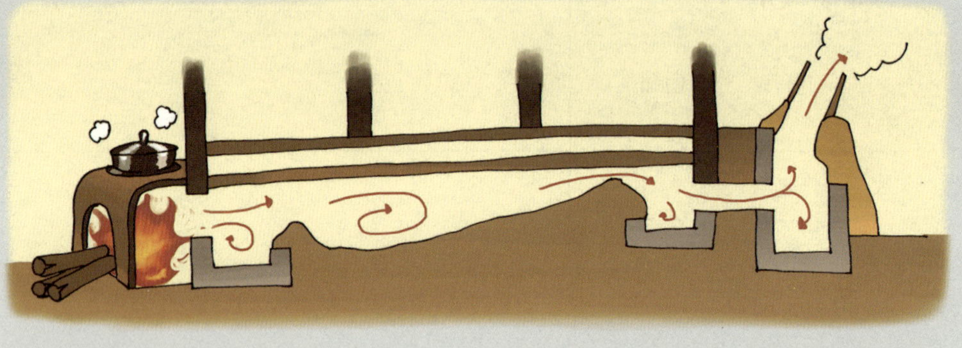

한국 전통 가옥의 특징은 온돌입니다. 온돌은 한국의 전통적인 난방 방법입니다. 한국 사람들은 옛날부터 집을 지을 때 방바닥 밑에 돌을 넣었습니다. 그리고 그 돌을 뜨겁게 해서 방바닥을 따뜻하게 했습니다. 그래서 옛날부터 한국 사람들은 식탁 대신 바닥에 앉아 상에서 밥을 먹고, 침대 대신 바닥 위에서 잠을 잤습니다. 요즘도 한국의 집에는 온돌 대신 보일러를 설치하여 바닥을 따뜻하게 합니다. 그래서 한국 사람들은 집에 들어갈 때 신발을 벗고 방바닥에 앉습니다.

(1) 온돌은 어떤 방법으로 방을 뜨겁게 해요?

(2) 요즘 온돌과 비슷한 것은 무엇이에요?

(3) 한국 사람들은 온돌 때문에 어떤 생활 습관이 있어요?

활동 3

1 다음은 각 나라의 전통 가옥입니다. 친구들과 그 특징을 이야기하고 써 보세요.

게르(ger)

이글루(igloo)

수상 가옥

2 고향의 전통 가옥과 현대 가옥을 비교해서 그려 보세요.

전통 가옥	현대 가옥

3 고향의 가옥을 친구들에게 소개해 보세요.

정리하기

※ 다음 (　　)에 맞는 단어를 넣어 보세요.

1. 한국의 전통 가옥에는 (　　　　　　　), (　　　　　　　)이/가 있다.

2. (　　　　　　　)은/는 5층 이상으로 높고, 많은 가족들이 산다.

3. (　　　　　　　)에서 가족들이 모여서 같이 텔레비전도 보고 이야기도 한다.

4. 한국은 (　　　　　　　)문화 때문에 집 안에 들어갈 때 신발을 벗고 바닥에 앉아서 생활을 한다.

스스로 확인해 보세요

	상	중	하
1. 한국의 가옥 문화를 이해할 수 있다			
	상	중	하
2. 한국과 고향의 가옥을 비교할 수 있다.			

마당	yard, garden	院子，外场地
짚	straw	谷草，稻草
기와	roof tile	瓦
전통	tradition	传统
빌라	villa	共同住宅
오피스텔	efficiency apartment, studio	商住两用楼房
원룸	one-room	一居室住宅
월세	monthly rent	（月）房租
전세	lease	租借，租赁。
매매	buy and sell	买卖

※ 다음 문장을 완성해 보세요.

1. 초가집의 지붕은 (   )로 / 으로 되어 있다.

2. 옛날 아이들은 집 (   )에서 놀았다.

3. 우리 집은 한 달에 (   )이 / 가 25만원이다.

4. 한국에 살면서 한국 (   ) 문화를 많이 배우고 싶다.

5. 집을 사기가 어려워 2년 동안 (   )로 / 으로살기로 했다.

쉼터

제주도와 울릉도

제주도 - 제주도는 바람이 많은 지역이기 때문에 지붕이 날아가지 않도록 지붕을 줄로 묶거나 지붕 위에 돌을 얹어 두었어요.

울릉도 - 울릉도는 눈이 많이 오는 지역이기 때문에 벽에 진흙을 두껍게 발라 집을 따뜻하게 하였고, 출입구를 제외하고 집 주위에 억새풀로 '우데기'라는 것을 만들어 눈이나 비가 안쪽으로 들어오지 못하도록 했어요.

체험하기

※ 다음은 한국의 전통 놀이입니다. 친구들과 함께 전통 놀이를 해 보세요.

두꺼비집 만들기

동대문, 남대문 놀이

제2부

08 내일이 무슨 날인데요?

학습 목표

* 한국의 기념일을 이해한다.
* 나만의 기념일을 만들고 소개할 수 있다.

함께 이야기해 보세요.

1. 위의 사진들은 뭐예요?
2. 언제 이것을 주고받아요?

정 우 팅팅 씨, 어디에 가요?

팅 팅 수업이 일찍 끝나서 시내에 놀러 가려고요.
그런데 그 꽃은 뭐예요?

정 우 내일 아침에 부모님께 드리려고 샀어요.

팅 팅 내일이 무슨 날인데요? 부모님 생신이세요?

정 우 아니요. 한국에서는 내일이 어버이날이에요. 어버이날에는 부모님께 감사하는 뜻으로 꽃이랑 선물을 드려요.

팅 팅 아! 그렇군요. 그럼 선물도 샀어요?

정 우 선물은 아직 못 사서 걱정이에요.

팅 팅 그럼 나하고 같이 시내에 가서 쇼핑해요. 내가 도와줄게요.

정 우 좋아요. 팅팅 씨, 고마워요.

···› 일찍
early
早

···› 시내
downtown
市内

···› 생신
birthday
生辰

···› 선물
present
礼品

···› 걱정
worry
担心

···› 도와주다
help
帮助

이해하기

1. 내일은 무슨 날이에요?
2. 두 사람은 어디에 가서 무엇을 하려고 해요?

활동 1

1 다음 사진을 보고 한국의 기념일을 써 보세요.

(　　　　　　)

5월 5일

(　　　　　　)

5월 8일

(　　　　　　)

5월 15일

2 다음 기념일에는 누가 태어났는지 말해 보세요.

크리스마스

12월 25일

(　　　　　　)

석가탄신일

(음력) 4월 8일

(　　　　　　)

3 다음은 재미있는 기념일입니다. 이 날에 무엇을 하는지 친구들과 이야기해 보세요.

밸런타인데이
2월 14일
〈하는 일〉

화이트데이
3월 14일
〈하는 일〉

블랙데이
4월 14일
〈하는 일〉

빼빼로데이
11월 11일
〈하는 일〉

애플데이
10월 24일
〈하는 일〉

삼겹살데이
3월 3일
〈하는 일〉

4 고향에는 어떤 기념일이 있는지 친구와 이야기해 보세요.

☞ 나라 이름 : (   )

기념일	날짜	하는 일

활동 2

※ 다음 글을 읽고 학습 활동을 해 보세요.

한국에는 국경일이 많습니다. 달력을 보면 일요일이 아니지만 휴일일 때가 있습니다. 그 날이 바로 국경일입니다. 그리고 명절이나 어린이날 같은 기념일에도 쉽니다. 국경일에는 국가적으로 기념식을 합니다. 대통령, 국무총리 등이 참석하고 텔레비전으로 방송도 합니다.

3월 1일은 삼일절입니다. 삼일절은 삼일운동이라는 독립운동을 기념하기 위한 날입니다. 6월 6일 현충일인데 나라를 위해서 싸우다 돌아가신 분들을 기리는 날입니다. 그 분들이 대한민국을 지켜 주셨기 때문에 한국 국민들이 여기에 있는 것이니까요. 8월 15일은 광복절이고 한국이 일제로부터 독립한 날입니다. 1948년 8월 15일에는 '대한민국'이라는 나라를 만들었기 때문에 이 날을 기념하는 날입니다. 10월 3일은 단군 할아버지가 한민족 최초의 나라인'고조선'을 만든 것을 기념하는 날입니다. 10월 9일은 여러분이 지금 읽고 쓰는 한글을 만든 것을 기념하는 날입니다. 세종대왕은 어려운 한자를 배우지 못하는 백성들을 위해서 한글을 만들었습니다. 그래서 지금 우리가 이렇게 쉽게 읽고 쓰는 것을 배울 수 있습니다.

국경일에는 그 의미를 잘 생각해 보고 조국을 위해 헌신하신 분들께 고마운 마음을 가져야겠습니다.

1 위 글의 제목을 만들어 보세요.

한국의 [ ] [ ] [ ]

2 다음 그림과 관계있는 국경일을 쓰고 정리해 보세요.

국경일	광복절
날짜	8월 15일

국경일	
날짜	

국경일	
날짜	

국경일	
날짜	

국경일	
날짜	

3 한국 사람들은 국경일에 무엇을 하는지 써 보세요.

활동 3

1 **내일을 나의 기념일로 생각하고 〈보기〉와 같이 그 계획을 세워 보세요.**

보기

무슨 날이면 좋겠어요?	내 생일
왜요?	선물을 많이 받아요.
누구를 만나고 싶어요?	친구들을 만나고 싶어요.
어디에 가고 싶어요?	맛있는 음식을 먹으러 가고 싶어요.
무엇을 할 거예요?	❶ 부모님께 편지를 쓸 거예요.
	❷ 파티를 할 거예요.
	❸ 친구를 초대할 거예요.

무슨 날이면 좋겠어요?	
왜요?	
누구를 만나고 싶어요?	
어디에 가고 싶어요?	
무엇을 할 거예요?	❶
	❷
	❸

〈그림 그리기 또는 사진 붙이기〉

정리하기

※ 한국의 특별한 날을 정리해 보세요.

날짜		이름	무엇을 해요?
3월	1일	삼일절	독립운동을 기념해요.
4월	8일(-)	(　　　　)	석가모니가 태어난 것을 기념해요.
5월	5일	(　　　　)	아이들에게 선물을 줘요.
	8일	어버이날	부모님께 꽃을 드려요.
	15일	스승의 날	(　　　　)께 꽃을 드려요.
6월	6일	현충일	나라를 위해서 싸운 분들을 기념해요.
8월	15일	광복절	(　　　　)을 기념해요.
	15일(-)	추석	(　　　　)을 먹어요.
10월	3일	개천절	대한민국 건국을 기념해요.
	9일	(　　　　)	한글 만든 것을 기념해요.
12월	25일	(　　　　)	예수가 태어난 것을 기념해요.

스스로 확인해 보세요

	상	중	하
1. 한국의 기념일을 이해할 수 있다.			
2. 나만의 기념일을 소개할 수 있다.			

어휘 익히기

선물	present	礼物
카드	card	卡
축하하다	celebrate	祝贺
초대하다	invite	邀请
특별하다	special	特别
감동하다	be moved	感动
태어나다	be born	出生
기념하다	celebrate	纪念
결혼하다	marry	结婚
약속	promise	约定
모임	meeting	聚会
파티	party	派对，宴会
기념일	anniversary	纪念日，节日
공휴일	holiday	公休日
국경일	national holiday	国庆日

※ 다음 단어를 서로 어울리는 것끼리 연결해 보세요.

생일을 •	• 써요
모임이 •	• 태어나요
친구들을 •	• 축하해요
아이가 •	• 드려요
카드를 •	• 초대해요
선물을 •	• 있어요

쉼터

기념일 사과를 그려 볼까요?

※ 다음 기념일의 날짜 순서대로 연결해서 그림을 완성해 보세요.

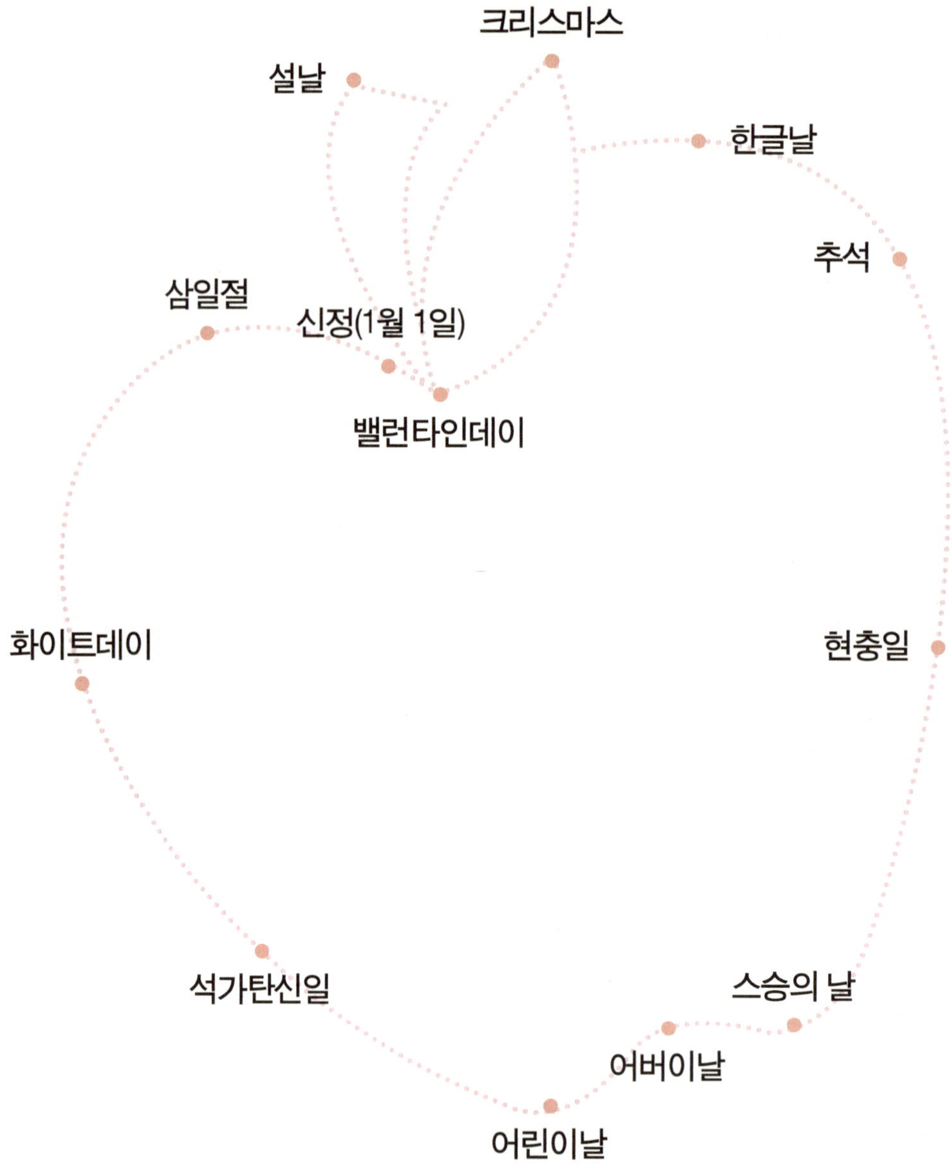

체험하기

※ 파티 초대장을 만들고 친구들을 초대해 보세요.

초대장

(　　　　　　　　　　)에 당신을 초대합니다.

바쁘시겠지만 오셔서 함께 즐거운 시간을 보내면 좋겠습니다.

누구에게 : ______________________________

언　　제 : ______________________________

어디에서 : ______________________________

무엇을 준비해요?　1. ____________________

　　　　　　　　　2. ____________________

______________________보냄

09 '강남 스타일' 몰라요?

학습 목표
* 한류 문화를 이해한다.
* 한류 문화를 소개할 수 있다.

함께 이야기해 보세요.

1. 사진 속 주인공을 자신이라고 상상해 볼까요?
2. 여러분은 어떤 분야를 좋아해요?

마젤란 오오오, 오빤 강남 스타일

지 영 마젤란 씨, 무슨 노래를 불러요?

마젤란 싸이의 강남 스타일 몰라요? 요즘 아주 유행이에요.

지 영 알아요. 그런데 노래가 어렵지 않아요?

마젤란 가사는 좀 어렵지만 노래가 재미있고 춤도 재미있어요.

지 영 마젤란 씨는 한국 노래를 좋아해요?

마젤란 네, 날마다 한국 노래를 들어요. 한국 가수들은 노래도 잘 부르고 춤도 잘 춰서 좋아해요.

···› (노래를) 부르다
sing
唱，唱歌

···› 유행이다
be popular
流行

···› 가사
lyrics
歌词

···› (춤을) 추다
dance
跳舞

이해하기

1. 강남 스타일이 뭐예요?
2. 마젤란 씨는 왜 한국 가수를 좋아해요?

활동 1

1　다음은 한국 노래 '강남 스타일'의 한 부분입니다.

낮에는 따사로운 인간적인 여자
커피 한잔의 여유를 아는 품격 있는 여자
밤이 오면 심장이 뜨거워지는 여자
그런 반전 있는 여자

나는 사나이
낮에는 너만큼 따사로운 그런 사나이
커피 식기도 전에 원샷 때리는 사나이
밤이 오면 심장이 터져버리는 사나이
그런 사나이

아름다워 사랑스러워
그래 너 hey 그래 바로 너 hey

2　위의 가사 내용을 '내 스타일'로 바꿔 써서 발표해 보세요.

______________________________은/는 여자/남자
______________________________은/는 여자/남자
______________________________은/는 여자/남자
그런 ____________인 여자/남자

나는 ○○○
____________________________ ○○○
____________________________ ○○○
____________________________ ○○○
그런 ○○○

3 한국의 대표적인 민요 '아리랑'을 악보를 보면서 배워 보세요.

4 한국의 밀양 지역에서 불리는 아리랑이에요. 함께 배워 보세요.

활동 2

1 **다음 글을 읽고 아래에서 각 단어와 맞는 그림을 연결해 보세요.**

사물놀이는 꽹과리, 징, 장구, 북 네 개의 악기를 가지고 연주하는 음악이에요.
판소리는 소리하는 사람이 장단에 맞춰 이야기와 소리를 하는 한국 전통 음악이에요. 우리가 잘 알고 있는 춘향전, 심청전, 흥부전과 같은 이야기를 노래로 전해 주는 음악이에요.
민요는 옛날부터 전해오는 노래예요. '아리랑'도 민요예요. 민요는 지방마다 조금씩 달라요. 누가 만들었는지 잘 모르지만 옛날부터 지금까지 계속 전해지는 음악이에요.

① 사물놀이 ㉠

② 판소리 ㉡

③ 민요 ㉢

활동 3

1 한국 한류의 좋은 점이 무엇인지 이야기해 보세요.

드라마	영화	스포츠	K-POP
〈좋은 점〉	〈좋은 점〉	〈좋은 점〉	〈좋은 점〉

2 친구와 함께 한 사람은 '기자', 한 사람은 '스타'가 되어 서로 인터뷰를 해 보세요.

기 자　안녕하세요?
_____ 씨, 저는 _______방송국 기자 ________입니다.
바쁘신데 이렇게 인터뷰해 주셔서 정말 감사합니다.
스 타
기 자
스 타
기 자
스 타

정리하기

※ 다음 한류에 관련된 특성들을 찾아 써 보세요.

	특성
케이팝 (k-pop)	• •
사물놀이?	• •
판소리	• 2003년에 유네스코 세계 무형 유산으로 지정되었다. • 중요 무형 문화재 제5호
민요	• •
한국 영화	• •

스스로 확인해 보세요

	상	중	하
1) 한류 문화를 이해할 수 있다.			
2) 한류 문화를 소개할 수 있다.			

어휘 익히기

사랑스럽다	lovable, adorable, endearing	可爱
악기	(musical) instrument	乐器
연주하다	play, perform	演奏
소리	sound, song, sing	说唱
장단	beat, rhythm	拍子
맞추다	match	合着，配合
전해지다	hand down, pass down	传给，承接
지방	area, region, district	地方
넘어가다	cross, pass	越过
한류	Korean wave	韩流

※ 다음 문장을 완성해 보세요.

1. 저는 그 노래를 악기로( )ㄹ/을 수 있어요.

2. '밀양 아리랑'은 ( )이/가 아주 빠르고 신나요.

3. 오늘은 학교에서 '춘향전'을 장단에 맞춰 ( ) 하는 판소리를 배웠어요.

4. 우리나라에서는 '소녀시대', '샤이니', '엑소(EXO)'같은 ( ) 가수들이 인기가 많아요.

5. 비빔밥은 어느 ( )이/가 유명해요?

쉼터

드라마 촬영지

※ 한국의 드라마가 어디에서 만들어졌는지 알아볼까요?

1. 남이섬 - 드라마 '겨울연가' 촬영지
   - 위치: 강원도 춘천시 남산면 방하리 198
   - 홈페이지: www.namisum.com(사진 출처)

2. 한국민속촌 - 드라마'해를 품은 달', '성균관 스캔들', '대장금' 등 사극과 영화 촬영지
   - 위치: 경기도 용인시 기흥구 민속촌로 90
   - 홈페이지: www.koreanfolk.co.kr(사진 출처)

3. 남양주종합촬영소 - 한국 영화, 드라마 촬영지
   - 위치:경기도 남양주시 조안면 북한강로 855번길 138 남양주종합촬영소
   - 홈페이지: http://studio.kofic.or.kr(사진 출처)

체험하기

※ 한류 문화를 직접 체험하고 사진을 붙이거나 느낀 점을 글로 써 보세요.

10 이모티콘이요?

학습 목표	* 한국의 통신 언어를 이해한다. * 이모티콘을 사용할 수 있다.

함께 이야기해 보세요.

1. 위 그림들은 무슨 뜻일까요?
2. 언제, 어디에서 사용할까요?

지 영 다들 뭐하고 있어요?

케 빈 아, 지영 씨! 한국 친구가 문자 메시지를 보냈는데 무슨 말인지 몰라서 같이 보고 있었어요.

지 영 아, '이모티콘'이군요! 'ㅂ2'는 '안녕, 잘가'라는 뜻이에요. '바이'라고 읽는데 영어 'bye'와 발음이 비슷해요.

팅 팅 그렇군요. 중국에서도 '88'라고 하는데 똑같네요!

케 빈 그럼 'OTL'은 무슨 뜻이에요?

지 영 여기 'O'는 사람 머리, 'T'는 팔과 몸이에요. 'L'은 다리 모양인데요. 내가 계획한 일이 잘 안 돼서 속상할 때 쓰는 거예요. 재미있지요?

···› 문자 메시지
text message
短信

···› 이모티콘
emoticon
表情符号

Tip

중국에서는 숫자 '8'을 ba(빠)라고 읽어요. 그래서 '88'(baba) 즉, '빠빠'로 발음이 해요. 영어 bye의 발음과 비슷해요.

이해하기

1. 'ㅂ2'는 무슨 뜻이에요?
2. 'ㅂ2'와 '88'의 차이는 무엇일까요?

활동 1

※ 다음을 읽고 학습 활동을 해 보세요.

이모티콘(Emoticon)은 감정(Emotion)과 아이콘(Icon), 두 단어를 합쳐서 만든 말이에요. 문자로 표현할 때 말하는 사람의 감정, 기분을 알려주기 위해서 사용해요. 이모티콘 대신에 '그림말'이라고 부르기도 해요. 1987년에 미국의 '스콧 팔만'이라는 사람이 처음 사용해서 지금은 전 세계에서 쓰고 있어요.

한국에서는 보통 자음과 모음을 사용해서 말하는 사람의 감정을 나타내요. '감사합니다'는 'ㄱㅅ', '죄송합니다'는 'ㅈㅅ'이라고 써요. 또 웃거나 울고 싶으면 자음과 모음을 반복해서 사용해요. 'ㅋㅋㅋ'나 'ㅎㅎㅎ'는 웃는 소리예요. 'ㅠㅠ'나 'ㅜㅜ'는 눈에서 눈물이 나오는 모습이에요.

하지만 아름다운 한글 대신 이모티콘을 너무 많이 사용하면 다른 사람이 이해하기 어려우니까 적당히 사용하는 것이 바람직해요.

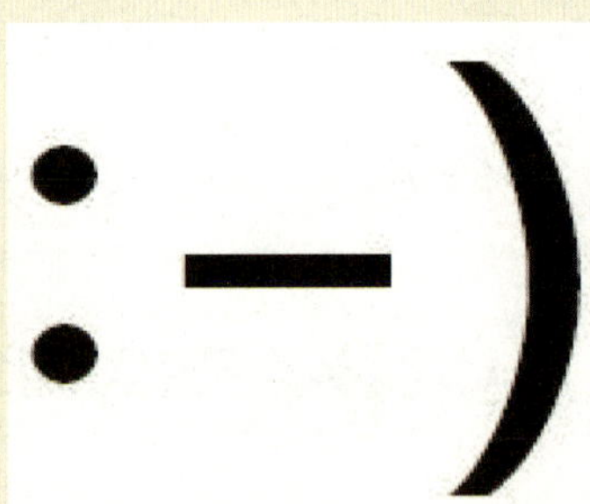

◀ '스콧 팔만'이 제일 먼저 웃는 얼굴을 만들었어요.

1 '이모티콘'이 무엇인지 써 보세요.

2 고향에서 자주 쓰는 이모티콘은 무엇이 있는지 써 보세요.

중국에서 '555'는 우는 것이에요.

일본에서 'www'는 웃는 모양이에요.

미국에서는 입 모양이 다양해요. ':-(' 슬픈 얼굴이에요.

3 다음 얼굴 그림을 보고 같은 뜻의 이모티콘을 〈보기〉에서 찾아보세요.

보기

^^ — —; π.π —.—z @.@

활동 2

※ 다음은 한국에서 유행하고 있는 줄여서 쓰는 말이에요. 〈보기〉의 어휘들을 보고 대화에 알맞은 그림을 그리거나 그림에 맞는 대화를 만들어 보세요.

보기

줄임말	뜻
넘	너무
셤	시험
ㅇㅇ	응응, 네
생선	생일 선물
생파	생일 파티
문상	문화 상품권
버정	버스 정류장
불금	불타는 금요일
깜놀	깜짝 놀랐어요
ㅇㅋ	Okay(오케이), 네
열공	열심히 공부하다
굿밤	좋은 밤 보내세요
ㄴㄴ	NoNo(노노), 아니요
버카충	버스 카드 충전
ㅊㅋㅊㅋ	축하해요
헉, 헐, 허걱	놀랄 때 쓰는 말.

(1)

〈교실에서〉

여자 내일이 셤인데 공부를 하나도 못했어요.

남자 넘 걱정하지 마요.

여자 ㅇㅇ! 고마워요.

남자 열공하세요.

(2)

〈버스 정류장 앞에서〉

(3)

〈생일파티〉

친구 1 오늘 지영이 생일이래!

친구 2 그래, 생파 언제 한대?

친구 3 1시에, 근데 생선으로 뭘 준비하지?

친구 1 난 그냥 문상이나 사려고.

친구 2 생축하려면, 좀 근사한 것 준비해야 할텐데!

친구 3 기다려봐, 내 생선은 깜놀 일테니.

(4)

〈금요일 밤, 명동〉

활동 3

1 다음은 지영 씨가 정우 씨에게 보낸 문자 메시지예요. 서로 어울리는 문자 메시지를 연결하고, 빈칸에 무슨 뜻인지 써 보세요.

① 오후 10:00
정우 씨^^
낼 같이 설 갈 수 있어요? 문상이 있어서 서점에 가서 책을 사고 싶어요. 같이 가면 넘 좋겠어요.ㅎㅎ

② 오후 10:00
정우 씨, 생축!! ㅊㅋㅊㅋ
생선은 맘에 들어요? 더 좋은 선물 못 줘서 미안해요. ㅠ.ㅠ

③ 오후 10:00
ㄴㄴ!! 생선 넘 맘에 들어요. 갖고 싶은 선물이어서 깜놀했어요.^^
고마워요~

④ 오후 10:00
ㅇㅋ! 알겠어요~낼 만나요. 굿밤♥

①	②
③	④

2 요즘 고향에서 어떤 말이 유행하고 있는지 친구들과 이야기해 보세요.

이름	
고향	

유행하는 말	의미

이름	
고향	

유행하는 말	의미

이름	
고향	

유행하는 말	의미

정리하기

※ 앞 글자를 보고 문장을 완성해 보세요.

1. | ㅇ | ㅁ | ㅌ | ㅋ | 은 감정과 아이콘, 두 단어를 합쳐서 만든 말이에요.

2. 'ㄱㅅ'는 '| ㄱ | ㅅ | 합니다', 'ㅈㅅ'은 '| ㅈ | ㅅ | 합니다'예요.

3. 'ㅂ2'는 '| ㅇ | ㄴ |', '잘 가'라는 뜻이에요.

4. 내가 계획한 일이 잘 안 돼서 | ㅅ | ㅅ | 할 때 'OTL'을 써요.

5. 생일 선물은 | ㅅ | ㅅ |,생일 파티는 | ㅅ | ㅍ | 라고 줄여서 말해요.

6. 한국어는 | ㅈ | ㅇ | 이나 | ㅁ | ㅇ | 을 줄여서 감정을 나타내는데 'ㅋㅋㅋ' 나 'ㅎㅎㅎ'는 웃는 소리예요.

스스로 확인해 보세요

	상	중	하
1) 한국의 통신 언어를 이해할 수 있다.			
	상	중	하
2) 이모티콘을 사용할 수 있다.			

어휘 익히기

감정	emotion	感情
기분	feeling, mood	心情，情绪
유행하다	trend, fashion	流行
댓글	comment	回帖
악플	malicious comments, cyber bullying	垃圾帖
(댓글을) 달다	write a comment	跟帖
네티즌	netizen	网民，网友
홈페이지	Home Page, website	主页
SNS	Social Network Service	社交网站
다운 받기	download	下载

※ 다음 단어와 〈보기〉의 뜻풀이가 바르게 연결되도록 빈칸에 알맞은 번호를 써 보세요.

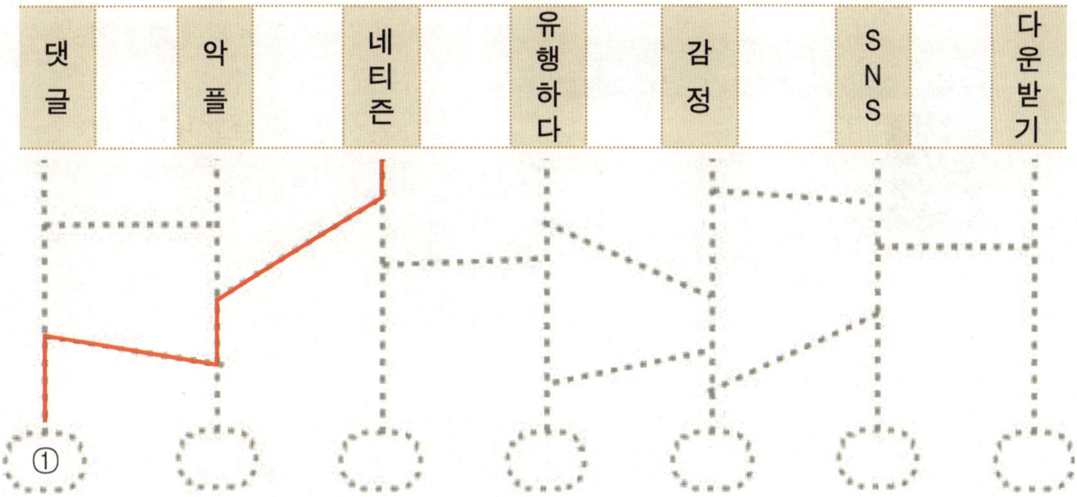

보기

① 인터넷 공간에서 활동하는 사람(= 누리꾼)
② 다른 사람이 올린 글에 나쁜 내용을 쓴 글
③ 관심이 같은 사람들의 관계를 맺어주는 인터넷 서비스
④ 잠깐 동안 사람들에게 알려지는 것
⑤ 컴퓨터에서 파일이나 자료를 받는 것
⑥ 인터넷 글에 짧게 대답을 쓴 글
⑦ 마음에서 느끼는 기분

쉼터

SNS

★ 인터넷 카페(Cafe)

다양한 정보를 여러 사람과 공유하는 인터넷 동호회 모임이에요. 누구나 회원으로 가입하여 글, 사진 등을 보거나 글을 쓸 수 있어요.

★ 블로그(Blog)

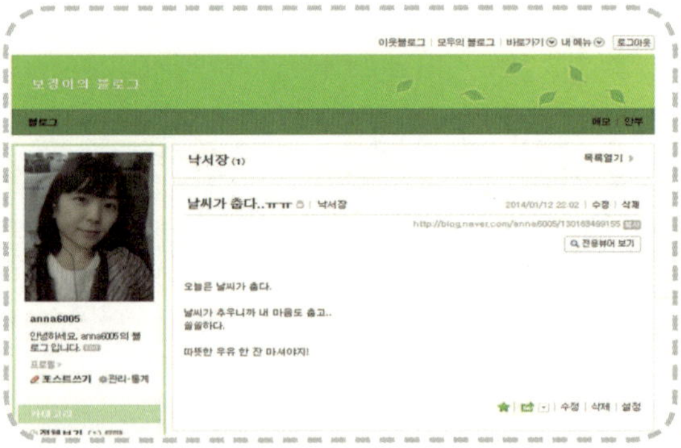

자신이 좋아하는 것에 대해 자유롭게 글을 쓸 수 있는 곳으로 다른 사람들이 보고 댓글을 남길 수 있어요.

★ 미니홈페이지(Mini Homepage)

내 홈페이지예요. 내 소개를 하고 사진을 올리고 글도 써요. 친구들은 '방명록'에 글을 쓸 수 있어요.

체험하기

※ 인터넷에서 우리 반 카페를 만들고 각자 글을 쓰고 친구의 글에 댓글을 써 보세요. 또 친구들과 함께 찍은 사진도 우리 반 카페에 올려 보세요.

〈댓글 쓰기〉

〈카페 사진 붙이기〉

11 경주에 가 봤어요?

학습 목표

* 한국의 문화유산을 이해한다.
* 고향의 문화유산을 소개할 수 있다.

함께 이야기해 보세요.

1. 위 사진들은 무엇일까요?
2. 위 사진의 문화유산들은 어느 도시에 있을까요?

마리아 정우 씨, 한국의 문화유산에 대해 알고 싶은데 어디에 가면 좋을까요?

정　우 마리아 씨, 혹시 경주에 가 봤어요?

마리아 아니요, 경주에 뭐가 있어요?

정　우 경주에는 아주 유명한 불국사와 석굴암이 있어요. 그리고 불국사에는 다보탑과 석가탑이 있어요.

마리아 아! 혹시 10원짜리 동전에 있는 그 탑 맞아요?

정　우 네, 맞아요. 그 탑이 다보탑이에요. 마리아 씨, 방학 때 경주에 꼭 가 보세요.

- 문화유산 cultural heritage 文化遗产
- 유명하다 famous 有名，有名声，闻名
- 동전 coin 硬币
- 탑 tower, pagoda 塔

이해하기

1. 경주에는 어떤 문화유산이 유명해요?
2. 10원짜리 동전에 있는 탑의 이름은 무엇이에요?

활동 1

※ 다음 그림을 보고 학습 활동을 해 보세요.

신라 천년의 수도 - 경주

▶ 불국사 - 다보탑, 석가탑

통일 신라 시대

불교가 나라의 종교였기 때문에 나라의 복을 빌고 나라를 보호하기 위해 만든 절이다. 불국사 안으로 들어가면 동쪽에 다보탑과 서쪽에 석가탑이 서로 마주보고 있다. 다보탑은 화려하고 여성적이며, 석가탑은 장엄하고 남성적이다.

▶ 석굴암

통일 신라 시대

김대성이 왕의 명령으로 불국사를 지을 때 같이 만들었다. 불국사가 현재의 부모님을 위한 것이라면, 석굴암은 전생의 부모님을 위한 것이다. 그 당시 사람들의 예술과 과학기술을 알 수 있다. 1995년 12월 불국사와 함께 유네스코 세계문화유산이 되었다. .

▶ 첨성대

신라 시대

동양에서 가장 오래된 천문대. 신라 선덕여왕의 명령으로 만든 것으로 하늘을 관찰하고 계절의 변화를 알기 위해 만들었다. 당시에는 하늘과 계절의 변화를 통해 농사짓는 시기를 결정하였다.

1 윗글의 내용에 맞게 괄호 안에 써 보세요.

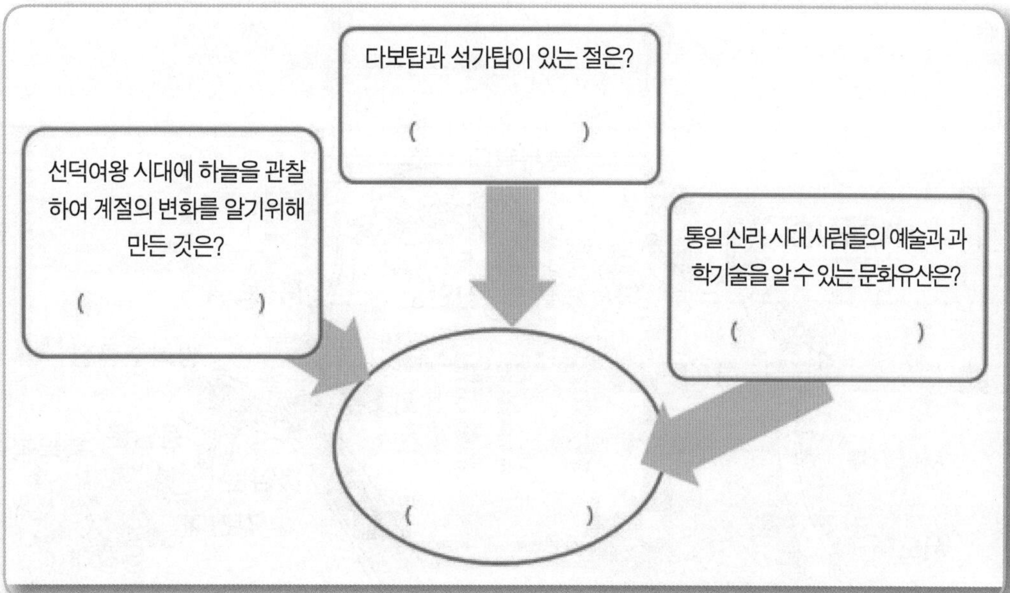

2 고향의 문화유산을 친구들에게 소개해 보세요.

이 름	( )	( )
어느 도시		
시 대		
만든 이유		
특 징		

※ 다음 그림을 보고 학습 활동을 해 보세요.

세계 문화유산 - 수원 화성

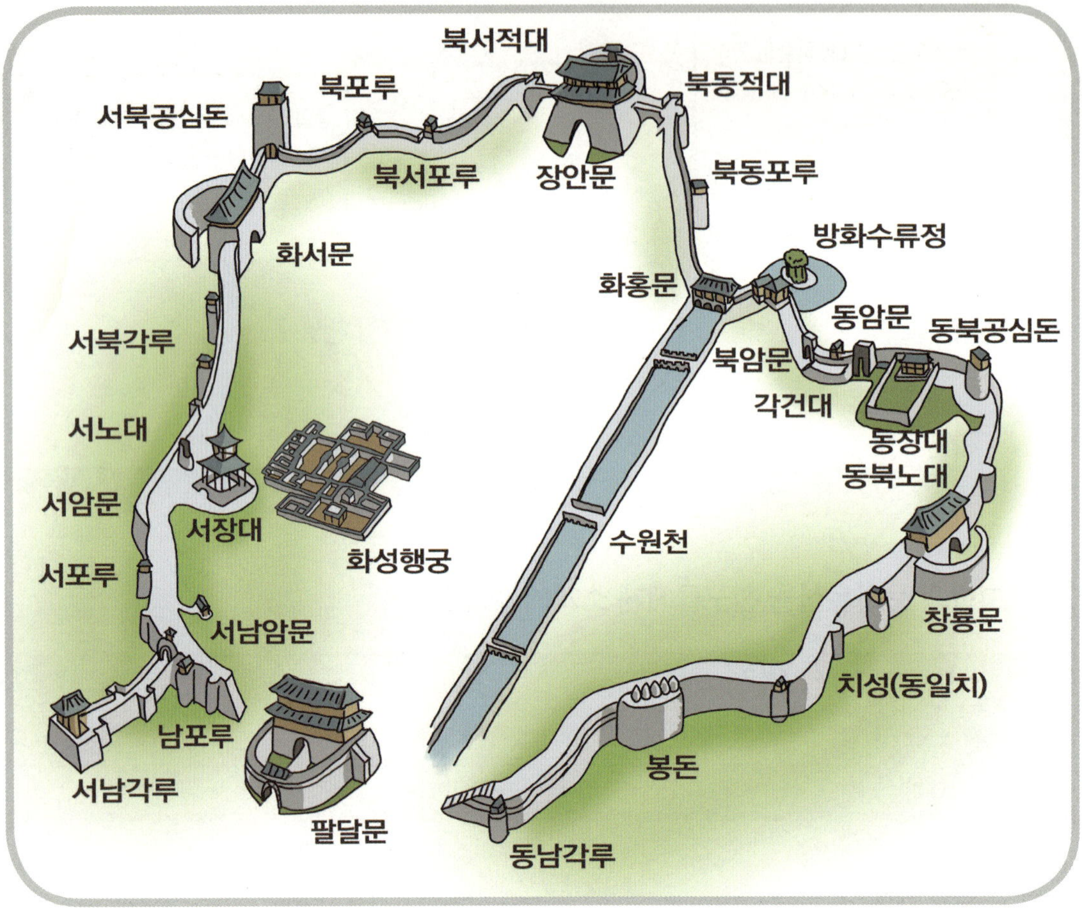

수원 화성(華城)은 조선 제22대 임금인 정조가 아버지인 사도세자의 무덤을 양주에서 수원으로 옮기면서 쌓은 성이에요. 정조 대왕은 수도인 서울의 남쪽을 보호하면서 왕권을 강화하고 국민들의 안정된 생활을 위해서 군사적 기능과 경제적 기능을 모두 가지고 있는 화성을 만들었어요. 수원 화성의 북쪽에는 장안문, 남쪽에는 팔달문, 동쪽에는 창룡문, 서쪽에는 화서문이 있어요. 그 중에 장안문은 화성의 정문으로, 가장 크고 화려해요. 수원 화성은 1997년 12월에 유네스코 세계문화유산으로 등록되었어요.

1 친구들과 함께 계획을 세워서 수원 화성을 체험해 보세요.

연무대: 국궁 활쏘기 체험

서장대: 타종 체험

서장대~연무대: 화성열차

왕, 왕비 의상 입어보기

뒤주에 들어가 보기

스탬프 찍기

대장금 체험

무예 24기

투호

계획 세우기	
구경할 곳	체험할 것

활동 3

조·별·활·동

※ 다음 사진을 보고 학습 활동을 해 보세요.

이름이 무엇이에요?	서울시청광장
어디에 있어요?	서울시청 앞
특징이 무엇이에요?	도시 속의 광장으로 많은 사람들이 모여 쉴 수 있고 즐길 수 있는 문화 공간이에요. 특히 국민들이 정치와 관련된 의견을 말하기 위해 모일 때도 있고, 국제적인 운동 경기를 응원하거나, 나라의 즐거운 일이 있을 때 국민들이 모여 함께 기뻐하고 즐기는 공간이에요.
100년 뒤에 왜 문화유산으로 남았으면 좋겠어요?	국가와 국민을 이어주는 공간이라는 느낌이 들어서, 한국의 대표적인 광장으로 계속 남아 있으면 좋겠어요. 나라의 즐거운 일이 있을 때 행사를 하는 곳으로, 대한민국 국민이 하나가 될 수 있는 대표 장소가 되었으면 좋겠어요.

1 앞으로 100년 뒤에 무엇이 문화유산으로 남을지 써 보세요.

이름		
대상		
특징		
이유		

정리하기

※ 다음 괄호 안에 알맞은 단어를 써 보세요.

1. 경주 불국사에는 (   ), (   )이/가 있다.

2. 경주에는 (   ),(   ) 등 문화유산이 많이 있다.

3. 고향의 문화유산에는 (   ),(   )이/가 있다.

4. 수원에는 조선 시대 정조 임금이 만든 (   )이/가 있다.

스스로 확인해 보세요

	상	중	하
1) 한국의 문화유산을 이해할 수 있다.			
	상	중	하
2) 고향의 문화유산을 소개할 수 있다.			

어휘 익히기

유네스코	UNESCO	联合国教科文组织
통일 신라 시대	Unified Silla Period	统一新罗时期
천문대	observatory	天文台
불교	Buddhism	佛教
절	Buddhist temple	寺，寺院
건축물	building, structure	建筑物
국보	national treasure, treasure of the country	国宝，重点文物
문화재	cultural assets, cultural properties	文化财，文物
지정하다	designate	指定
보호하다	protect	保护

※ 다음 뜻에 맞는 단어를 빈칸 수에 맞게 적어 보세요.

1. 스님들이 살며, 불교를 전하는 곳.	
2. 나라의 보물, 나라에서 보호하는 문화재	
3. 우주를 관찰하고 연구하기 위해 만든 것	
4. 어떤 것을 가리켜 정하다.	
5. 잘 보살펴 돌보거나 지키다.	

쉼터

경복궁과 창덕궁

▶ 경복궁

조선 시대에 만들어진 다섯 개의 궁궐 중 첫 번째로 만들어진 곳으로 1395년에 완성했어요. 광화문을 지나 안으로 들어가면 가장 중심인 근정전이 있고, 근정전 왼쪽에는 경회루가 있어요. 경회루는 인공 연못 위에 만든 2층 건물로 왕과 신하들이 모여서 연회를 한 장소예요.

▶ 창덕궁

조선의 공식 궁궐인 경복궁에 이어 두 번째로 지어진 궁궐이에요. 창덕궁은 나라에 전쟁이나 큰 재난이 일어나 공식 궁궐을 사용하지 못할 때를 대비하여 지었어요. 창덕궁은 자연과 조화를 잘 이루고 있어서 다른 궁보다 훨씬 자연스럽고 아름다워요. 특히 창덕궁의 후원은 숲, 나무, 연못, 정자 등이 잘 어우러져서 사계절 내내 아름다움을 느낄 수 있어요. 창덕궁은 유네스코 세계문화유산으로 지정되었어요.

체험하기

※ 친구들과 타임캡슐(time capsule)을 만들고, 사진을 찍어 보관하세요.

〈사진 붙이기〉

12 함이 뭐예요?

학습 목표
* 한국의 결혼, 장례, 제례 문화에 대해 이해한다.
* 고향의 결혼, 장례, 제례 문화와 비교할 수 있다.

함께 이야기해 보세요.

1. 위의 사진은 무엇을 찍은 사진이에요?
2. 위의 두 사진은 어떻게 달라요?

타쿠마 정우 씨, 오늘 수업 끝나고 테니스 칠까요?

정 우 미안해요. 오늘은 누나 함이 들어오는 날이라서 일찍 집에 가야 해요.

타쿠마 함이요? 함이 뭐예요?

정 우 함은 결혼하기 전에 신랑 집에서 신부 집에 보내는 선물과 감사 편지가 들어 있는 상자예요.

타쿠마 신부에게 무슨 선물을 보내요?

정 우 옛날에는 한복을 만드는 옷감을 보냈는데 요즘에는 돈을 보내기도 해요.

타쿠마 그럼 누나가 오늘 결혼하는 거예요?

정 우 아니요, 결혼식은 다음 주에 해요.

···› 상자
box, case
箱，箱子

···› 옷감
cloth, fabric
衣料

이해하기

1. 함에는 뭐가 들어 있어요?
2. 정우 씨 누나는 언제 결혼식을 해요?

활동 1

※ 다음 글을 읽고 학습 활동을 해 보세요.

(1) 함 팔기

함은 결혼식 전에 신랑 집에서 신부 집으로 보내는 상자예요. 이 상자에는 결혼 허락을 감사하는 편지와 신부에게 보내는 선물이 들어 있어요. 신랑이 신랑 친구들과 함을 가지고 신부 집 앞에 가서 "함 사세요"라고 크게 말해요. 이웃들도 모두 나와 구경해요. 하지만 요즘에는 아파트에 사는 사람들이 많아서 함 파는 모습을 보기 힘들어요. 그래서 신랑 혼자 직접 함을 신부 집에 가지고 가기도 해요.

(2) 결혼식

한국에는 서양식 결혼식과 전통 결혼식이 있어요. 요즘에는 보통 서양식 결혼식을 많이 해요. 서양식 결혼식은 양복과 웨딩드레스를 입은 신랑 신부가 예식장에서 결혼식을 해요. 교회나 성당에서 하기도 해요.

(3) 폐백

결혼식이 끝난 후에 신랑 신부가 신랑 가족에게 인사를 해요. 이것이 폐백이에요. 신랑 신부가 한복으로 갈아입고 신랑의 부모님과 친척들에게 절을 해요. 신랑과 신부가 절을 하면 가족들은 신랑 신부에게 밤과 대추를 던져 줘요. 아이를 많이 낳으라는 뜻이에요. 또 봉투를 주기도 해요. 봉투 안에 신혼여행에서 쓸 용돈을 넣어 줘요.

(4) 신혼여행

결혼식이 끝나고 신랑과 신부는 신혼여행을 떠나요. 예전에는 신혼여행을 제주도로 많이 갔는데 요즘에는 해외로 가는 사람도 많이 있어요. 둘이 똑같은 옷을 입고 가기도 해요..

1 다음 그림을 보고 순서에 맞게 번호를 쓰세요.

( )

( )

( )

( )

2 한국 결혼식의 특별한 점에 대하여 이야기해 보세요.

한국 결혼식 특징	

3 고향에서는 결혼식을 어떻게 하는지 친구들에게 소개해 보세요.

고향의 결혼식	
결혼식 전	
결혼식 순서	
결혼식 때 입는 옷	
결혼식 장소	
결혼 선물	
결혼식 후	
신혼여행	
기타	

활동 2

※ 다음을 읽고 학습 활동을 해 보세요.

한국에서 장례식에 가 본 적이 있어요?

한국에서는 장례식을 병원에 있는 장례식장에서 많이 해요. 병원에 장례식장이 있어서 편하게 이용할 수 있어요.

장례식은 돌아가신 날부터 3일이나 5일 동안 해요. 보통 3일 동안 해요. 그래서 돌아가신 날이나 그 다음날에 장례식장에 가서 인사를 하는 게 좋아요.

장례식장에 갈 때는 검은색 옷을 입는 게 좋아요. 무늬가 많은 옷이나 색이 화려한 옷은 입지 않는 게 좋아요.

장례식장에 갈 때는 보통 돈을 준비해서 가요. 3만원, 5만원, 이렇게 홀수로 준비해요. 10만원은 짝수지만 괜찮아요.

아주 친한 사람의 가족이 돌아가셨을 때는 장례식장에서 밤새도록 같이 있어 주기도 해요.

1 한국 장례식에 대해 정리해 보세요.

내 용	
장 소	
기 간	
입어야 하는 옷	
준비해야 할 것	
기 타	

2 한국 장례식장에서 어떻게 조문을 하는지 순서를 배워 보세요.

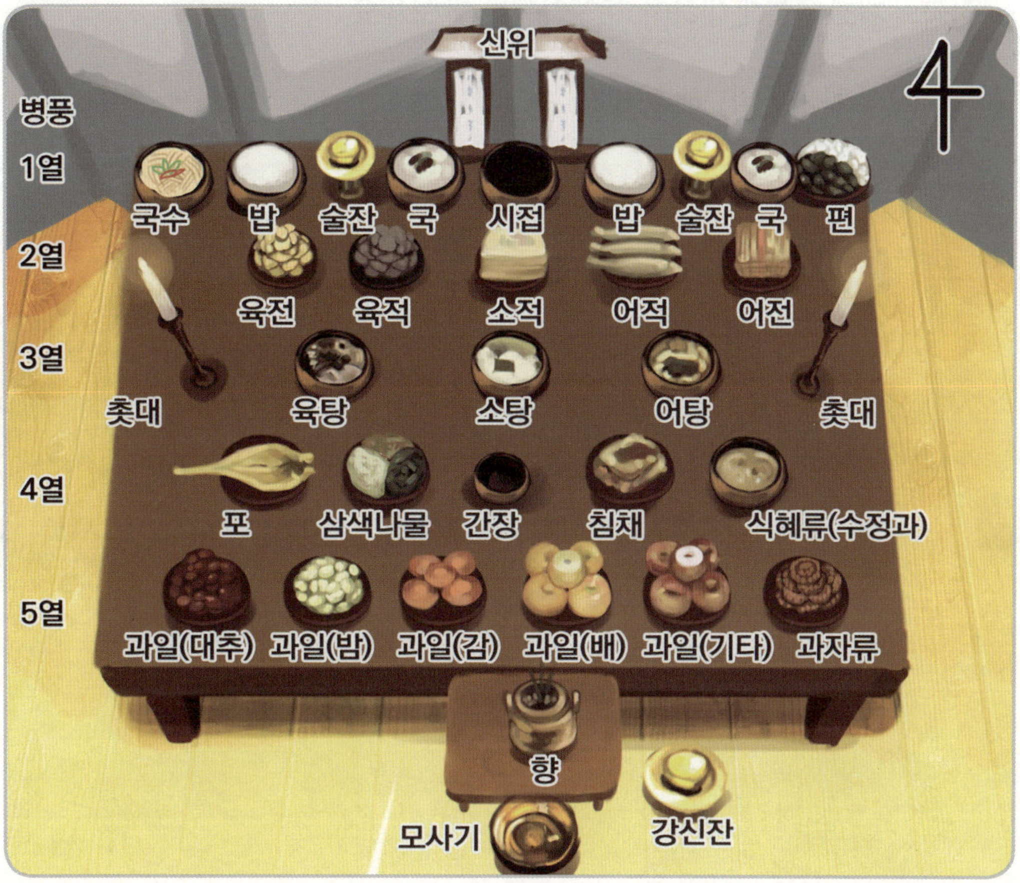

(1) 책상 위에 있는 방명록에 이름을 씁니다.

(2) 향을 피우거나(분향) 꽃 한 송이를 사진 앞에 놓습니다(헌화).

(3) 돌아가신 분 사진 앞에서 두 번 절을 합니다(재배).

(4) 돌아가신 분 가족에게 한 번 절을 합니다(조문).

(5) 위로하는 뜻으로 준비한 돈 봉투를 상자에 넣습니다(부의금 전달).

활동 3

※ 한국의 제례 문화에 대하여 학습 활동을 해 보세요.

1 제사와 차례를 비교해 보세요.

<table>
<tr><th></th><th>제 사</th><th>차 례</th></tr>
<tr><td>상차림
(어떤 음식,
수저의 수)</td><td>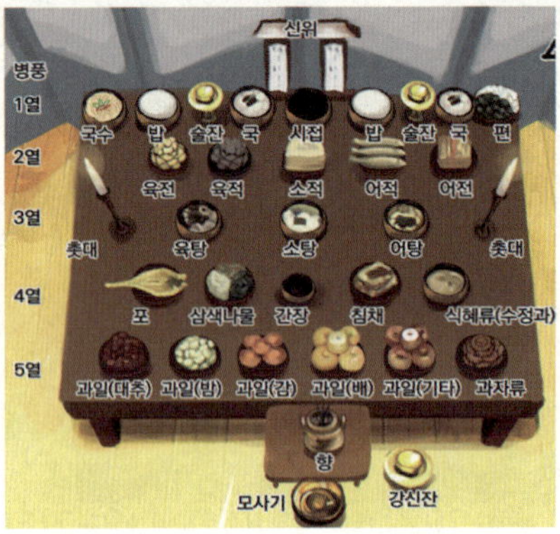
</td><td>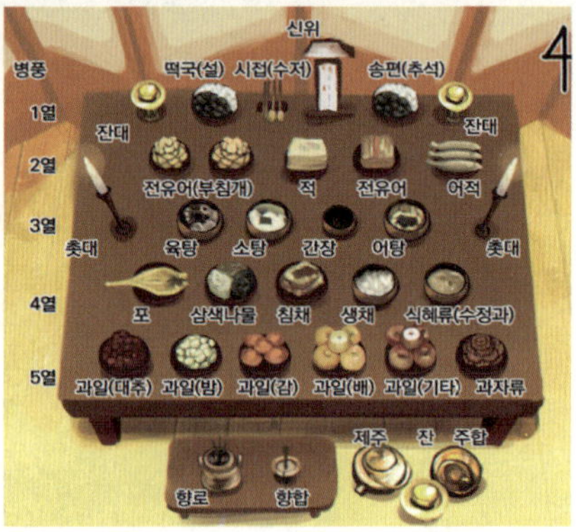
</td></tr>
<tr><td>언제
(때, 시간)</td><td></td><td></td></tr>
<tr><td>모이는 사람</td><td></td><td></td></tr>
<tr><td>기 타</td><td></td><td></td></tr>
<tr><td>공통점</td><td></td><td></td></tr>
<tr><td>차이점</td><td></td><td></td></tr>
</table>

2 고향에도 한국의 제사와 비슷한 것이 있다면 친구들에게 이야기해 보세요.

명 칭		
언 제		
음 식		
특별한 점		
기 타		

정리하기

※ 다음 그림에 맞는 말을 써 보세요.

(　　　　　　　　　)

(　　　　　　　　　)

신혼여행

(　　　　　　　　　)

(　　　　　　　　　)

(　　　　　　　　　)

스스로 확인해 보세요

	상	중	하
1) 한국의 결혼, 장례, 제례 문화를 이해할 수 있다.			
	상	중	하
2) 고향의 결혼, 장례, 제례 문화를 소개할 수 있다.			

어휘 익히기

장례식	funeral	葬禮式
혼수	trousseau	婚需
예물	wedding present	禮物
청첩장	wedding invitation	请柬
친정	married woman's parents' home	娘家
시댁	one's husband's home[family], in-laws'	媤宅
결혼식	wedding	結婚式
조의(금)	condolence	弔意
상주	chief mourner	喪主
맞절	bow to each other	相对行礼
상을 차리다	set the table, prepare the table,	摆饭桌

※ 다음 그림에 맞는 말을 써 보세요.

㉠		㉡			③㉢		
		②					
①							
㉣		④					

〈가로 열쇠〉

① 사람이 죽으면 같이 모여 슬픔을 나누는 의식

② 신부가 결혼할 때 준비하는 집에 필요한 물건

③ 돌아가신 분의 가족 중 대표

④ 남편의 집안

〈세로 열쇠〉

㉠ 결혼식에 초대하는 초대장

㉡ 사랑하는 사람이 많은 사람 앞에서 부부가 되는 행사

㉢ 음식을 준비하고 상에 올려 놓는 것

㉣ 결혼한 여자의 부모 형제 등이 살고 있는 집

쉼터

큰절하기

※ 한국에서는 설날 아침에 어른들께 절을 해요. 장례식장에서도 절을 하고 제사를 지낼 때도 절을 해요. 다 함께 절하는 방법을 배워 보세요.

▶ 남자

▶ 여자

체험하기

※ 한국의 결혼식에 가 보고 느낀 점을 쓰고, 사진을 붙여 보세요.

〈느낀 점〉

〈사진 붙이기〉

13 나는 누구일까요?

학습 목표

* 한국의 유명한 인물을 이해한다.
* 한국의 인물을 소개할 수 있다.

함께 이야기해 보세요.

1. 사진 속의 인물을 아세요?
2. 위 사람들은 무슨 일을 했을까요?

정 우 마리아 씨, 혹시 '한글'을 누가 만들었는지 알아요?
마리아 음… 왕인데…. 아! 세종대왕이요.
정 우 그럼 마리아 씨는 세종대왕이 어떻게 생겼는지 본 적 있어요?
마리아 아니요. 본 적 없는데요.
정 우 하하! 마리아 씨 지갑에 만원 있어요? 만원에 그려져 있는 사람이 바로 세종대왕이에요.
마리아 아, 그렇구나! 지금까지 매일 돈을 쓰면서 돈에 그려져 있는 사람이 누군지 몰랐네요!
정 우 돈마다 다른 사람이 그려져 있으니까 어떤 사람이 있는지 같이 한번 볼까요?
마리아 네, 좋아요.

…› 혹시
maybe
或许

…› 지갑
wallet, purse
钱包

이해하기

1. 한글을 만든 사람이 누구예요?
2. 왜 마리아 씨는 정우 씨의 이야기를 듣고 놀랐어요?

활동 1

※ 다음은 한국의 위인에 대한 내용이에요. 글을 읽고 학습 활동을 해 보세요.

세종대왕

세종대왕은 과학, 경제, 예술, 문화 등을 발전시켜서 많은 사람들이 존경하고 좋아해요. 특히 누구나 쉽게 배울 수 있는 '한글'을 만들어서 더 유명해요. 그래서 매년 10월 9일을 '한글날'로 지정해서 세종대왕이 한글을 만든 날을 기념해요. 또 1972년부터 만 원짜리에 세종대왕을 그리게 되었어요.

이순신

이순신은 어려서부터 활발한 사람이었어요. 말을 잘 타고 활을 잘 쏘고 글씨도 잘 썼어요. 또 나라에 7년 동안 전쟁이 있을 때, '거북선'이라는 거북이 모양의 배를 만들어서 전쟁에서 이길 수 있었어요.

이순신은 용감한 사람이고 많은 사람들이 좋아하기 때문에 서울 광화문에 가면 이순신을 기념하는 동상이 있고, 백 원짜리에도 이순신이 그려 있어요.

허 준

허준은 어려서부터 큰 어려움 없이 자랐고 똑똑하고 공부하기를 좋아하는 사람이었어요. 허준의 직업은 지금의 '의사'인데 마음도 착해서 가난한 사람들에게 돈을 받지 않고 병을 고쳐주고, 왕이 편찮으실 때 다른 의사들은 고치지 못하는 병을 허준이 고쳤어요.

또 허준은 『동의보감』이라는 책을 썼는데 병이 났을 때 고칠 수 있는 방법을 알려주는 책이에요. 그래서 요즘에도 의사들이 『동의보감』을 보고 공부하고 있어요.

김홍도

김홍도는 조선 시대에 아주 유명한 화가예요. 그림을 정말 잘 그려서 왕의 얼굴을 3번이나 그리기도 했어요. 또 호랑이를 진짜 호랑이처럼 그린 그림도 아주 유명해요.

또 김홍도의 그림은 아주 한국적이에요. 그가 그린 풍속화는 낙천적이고 재미있는 모습이 많이 있어요. 그래서 누구나 김홍도의 그림을 보면 무슨 내용인지 쉽게 알 수 있어요.

1 다음 중 윗글의 내용과 맞으면 O, 틀리면 X 하세요.

(1) 세종대왕이 한글을 만든 것을 기념하는 날은 10월 9일이에요. (　　)

(2) 이순신은 거북선을 만들었지만 전쟁에서 이기지 못했어요. (　　)

(3) 허준은 많은 사람들을 고치는 의사였어요. (　　)

(4) 김홍도는 한국적인 그림을 그리는 화가였어요. (　　)

2 다음 인물과 관련된 그림을 연결해 보세요.

세종대왕 ●　　　　● 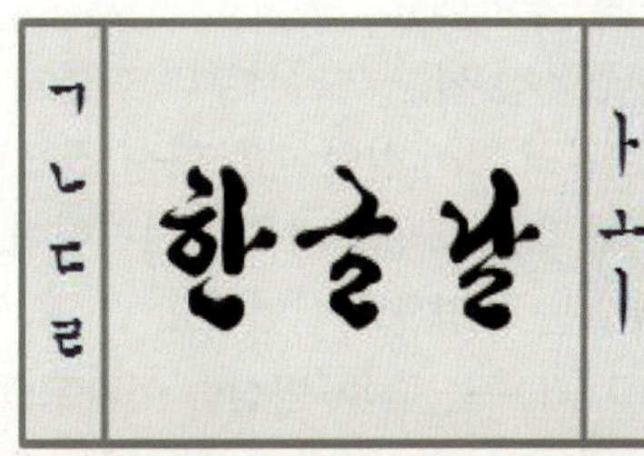

이순신 ●　　　　● 

허 준 ●　　　　● 

김홍도 ●　　　　● 

활동 2

1 지영 씨가 좋아하는 사람을 소개한 글을 읽고 (　　)에 알맞은 말을 쓰세요.

공옥진 씨는 한국에서 '창무극'을 하는 아주 유명한 사람이에요. '창무극'은 한국의 전통적인 소리, 춤, 재미있는 말 등을 합쳐서 하는 연극을 말해요. 한국에서 창무극을 할 수 있는 유일한 사람이라서 공옥진 씨가 하는 '1인 창무극 심청가'가 2010년에 '무형문화재'로 지정이 되었어요. 또 가수 '2NE1 공민지 씨'와 친척이에요. 그래서 많은 사람들이 할머니처럼 춤을 잘 추는 공민지 씨를 좋아해요.

공옥진 씨는 어려서부터 힘들게 살았어요. 돈이 없어서 일본으로 팔려 가서 살았어요. 다시 집으로 돌아와서 아버지에게 한국의 전통적인 노래를 배우기 시작했어요. 아버지도 한국 전통 노래를 부르는 유명한 분이었어요. 그 후에 노래도 부르고 춤도 추었는데 그녀가 추는 춤을 '병신춤'이라고 해요.

하지만 2010년에 81세의 나이로 몸이 아파서 돌아가셨어요. 다시 공옥진 씨의 춤을 볼 수 없고 노래를 들을 수 없어서 아쉬워요.

(1) 공옥진 씨는 한국에서 (　　　　　)을 할 수 있는 유명한 사람이에요.

(2) 공옥진 씨가 하는 '1인 창무극 심청가'가 2010년에 (　　　　　)로 지정이 되었어요.

(3) 공옥진 씨가 추는 춤 이름을 (　　　　　)이라고 해요.

3 〈보기〉와 같이 좋아하는 사람을 친구들에게 소개해 보세요.

보기

저는 OOO 씨를 좋아해요. OOO 씨의 직업은 개그맨이에요.
성격이 긍정적이고 활발한 사람이에요. 그는 잘생기지 않았지만 스타일이 멋있어요. 또 재미있기 때문에 저는 그 사람이 좋아요.

질문	나( )
① 좋아하는 사람의 이름	
② 좋아하는 사람의 직업	
③ 좋아하는 사람의 성격	
④ 좋아하는 사람의 외모	
⑤ 좋아하는 이유	

활동 3

※ 다음은 친구들을 소개한 것이에요. 소개한 내용을 보고 친구들과 게임을 해 보세요.

• 이름 : 김수혁 • 나이 : 20살 • 직업 : 대학생 • 사는 곳 : 수원 • 취미 : 농구하기, 등산하기 • 특징 : 활발하고 낙천적이에요.		• 이름: 이성진 • 나이: 23살 • 직업: 대학생 • 사는 곳: 서울 • 취미: 등산하기, 컴퓨터 게임하기 • 특징: 매운 음식은 못 먹어요.	
• 이름: 윤동민 • 나이: 20살 • 직업: 대학생 • 사는 곳: 서울 • 취미: 축구하기, 농구하기 • 특징: 잘 웃어요.		• 이름: 김미나 • 나이: 21살 • 직업: 대학생 • 사는 곳: 수원 • 취미: 사진찍기, 음악듣기 • 특징: 매운 음식을 아주 좋아해요.	
• 이름: 최슬기 • 나이: 20살 • 직업: 대학생 • 사는 곳: 서울 • 취미: 등산하기, 음악듣기 • 특징: 얼굴이 귀엽고 피부가 하얘요.		• 이름: 정유미 • 나이: 23살 • 직업: 대학생 • 사는 곳: 수원 • 취미: 노래부르기, 사진찍기 • 특징: 빨간색을 좋아해요.	

누구일까요?

[게임 방법]

① 1번 친구가 사진을 보고 한 명을 생각해요.
② 다른 친구들은 1번 친구에게 질문을 1개씩 할 수 있어요.
③ 1번 친구는 '네/아니요'만 말할 수 있어요.
④ 한 사람이 1개씩 모두 5번의 질문을 할 수 있어요.
⑤ 하지만 바로 정답을 말할 수 있는 질문은 하면 안 돼요.
⑥ 질문이 끝나면 다른 친구들이 1번 친구가 ①에서 생각한 사람이 누구인지 맞춰요.
⑦ 질문을 하는 동안 누구인지 알면 먼저 대답할 수 있어요.
⑧ 누구인지 빨리 맞추는 사람이 이기는 거예요.

1 옆의 사진 속 인물을 보고 〈보기〉처럼 친구들과 '누구일까요?'게임을 해 보세요.

보기

: 남자예요?

: 네.

: 모자를 썼어요?

: 네.

:운동하는 것을 좋아해요?

: 네.

: 등산하기를 좋아해요?

: 네.

: 서울에 살아요?

: 아니요.

: 정답은 (김수혁)이에요.

2 친구들을 대상으로 '누구일까요?' 게임을 해 보세요.

정리하기

1 다음 문장에 들어갈 알맞은 단어에 'ㅇ' 하세요.

1) 세종대왕은 한국 돈 (만 원, 백 원)에 그려져 있어요.

2) 이순신 장군은 거북이 모양의 (차, 배)를 만들었어요.

3) 허준은 직업이 (의사, 작가)이고 동의보감이라는 책을 썼어요.

4) 김홍도의 직업은 (가수, 화가)이고 풍속화가 유명해요.

2 '공옥진' 씨에 대한 설명과 맞는 것을 연결해 보세요.

창무극 그 림 노래 부르기 춤추기 무형문화재

스스로 확인해 보세요

	상	중	하
1) 한국의 유명한 사람을 이해할 수 있다.			
2) 한국의 인물을 소개할 수 있다.	상	중	하

어휘 익히기

인물	personage, figure, person	人物
드라마	drama	电视剧
존경하다	respect	尊敬
전쟁	war	战争
용감하다	brave, gallant	勇敢，大胆
동상	bronze statue	铜像
풍속화	genre painting	风俗画
무형문화재	intangible cultural assets	无形文化财产
조선 시대	the Joseon Dynasty period	朝鲜时代

※ 다음 문장에 들어갈 단어를 위에서 찾아 적어 보세요.

공옥진 씨의 '1인 창무극 심청가'는 (   )로 지정되었어요.

세종대왕은 많은 사람들이 (   )하고 좋아해요.

도둑을 보고 무서웠지만 (   )하게 잡았어요.

쉼터

화폐 속 인물

오 만원(50,000) - 신사임당

신사임당은 조선 시대의 화가이고, 또 '이이'의 어머니예요. 신사임당은 한국을 대표하는 좋은 어머니예요. 그림을 잘 그려서 과일, 곤충, 꽃 등을 그린 '초충도'가 유명해요.

만 원(10,000) - 세종대왕

세종대왕은 한글을 만든 조선 시대의 4번째 왕이에요. 또 한글뿐만 아니라 혼천의, 해시계, 물시계 등을 만들어 과학도 발전시켰어요.

오천 원(5,000) - 이이

이이는 조선 시대의 학자이고, 정치가였어요. 또 오만 원에 그려진 '신사임당'이 어머니인데, 그는 아주 착한 아들이었어요. 그리고 이이가 쓴 유명한 책이 많이 있어요.

천 원(1,000) - 이황

이황도 이이처럼 조선 시대에 아주 유명한 학자였어요. 그래서 지금의 학교와 같은 '도산서원'을 세우고 그곳에서 학생들을 가르치는 좋은 선생님이기도 했어요.

체험하기

※ 광화문 광장에 '세종대왕 전시관'이나, 한국의 대통령을 볼 수 있는 '청와대 사랑채'에 가서 체험해 보세요.

광화문 세종문화회관(박물관)

광화문 세종대왕 동상 뒤쪽 계단으로 내려가면 세종대왕 박물관이 있어요. 여기에서는 세종대왕에 대해서 자세히 알 수 있어요.

▶ 관람 시간
① 평일·토요일: 10:30 ~ 22:30분
② 일요일·공휴일: 10:30 ~ 20:30분
(매주 월요일 휴관)
▶ 전화번호 : 02)399-1114~6
▶ 주소 : 서울특별시 종로구 세종로 81-3 세종대왕 연결통로 및 세종로 지하
▶ 교통 : 1호선 종각역 1번 출구
3호선 경복궁역 6번 출구
5호선 광화문역 2번 출구

청와대 사랑채

이곳에서는 지금까지의 한국 대통령들의 모습을 볼 수도 있고, 화폐 속 인물들에 대해서도 볼 수 있는 곳이에요 또한 한국의 수도인 서울이 어떻게 변화되었는지도 살펴볼 수 있어요.

▶ 관람 시간 : 오전 9시 ~ 오후 6시
▶ 관람 요금 : 무료
▶ 전화번호 : 02)723-0300
▶ 주소 : 서울시 종로구 효자동 150번지
▶ 교통 : 지하철 3호선 경복궁역 4번 출구

14 책거리가 뭐예요?

학습 목표

* 한국의 교육 문화를 이해한다.
* 한국과 고향의 교육 문화를 비교할 수 있다.

함께 이야기해 보세요.

1. 여기는 어디일까요?
2. 남자 아이는 왜 울고 있을까요?

정 우 케빈 씨, 시간 있어요?

케 빈 미안해요. 이번 학기가 끝나서 친구들과 교실에서 파티하기로 했어요.

정 우 아! 책거리를 하는군요?

케 빈 책거리요? 책거리가 뭐예요?

정 우 한 학기 공부가 끝나면 선생님과 학생들이 서로 수고했다면서 음식을 나누어 먹는 거예요.

> ⋯▸ 나누다
> share
> 分成份儿

케 빈 그렇군요.

정 우 그럼 좋은 시간 보내세요.

이해하기

1. 책거리는 언제 해요?
2. 책거리에 무엇을 해요?

활동 1

※ 다음을 읽고 학습 활동을 해 보세요.

(㉮)

서당은 지금의 초등학교예요.
누구나 공부하고 싶으면 다닐 수 있어요. 공부하는 기간도 학생이 정해요.
선생님은 학생 수준에 맞게 수업을 해요. 그리고 학생들은 선생님 말씀을 잘 들어요.
책 한 권이 끝나면 책거리를 했는데 지금의 종강 파티와 같아요. 책 한 권을 다 배운 후에 선생님께 감사하고 친구들과 서로 축하해요. 이때 부모님께서 준비해 주신 떡을 먹어요.

1 윗글을 읽고 ㉮에 알맞은 제목을 만들어 보세요.

2 서당과 초등학교가 어떻게 다른지 찾아 써 보세요.

서 당	초등학교

3 고향에 책거리와 같은 것이 있다면 친구들에게 소개해 보세요.

① 이름이 뭐예요?	
② 언제 해요?	
③ 어떻게 해요?	

활동 2

※ 다음을 보고 학습 활동을 해 보세요.

유치원

만 5세부터 만 7세까지 다니는 곳을 유치원이라고 해요.

8살이 되면 초등학교에 들어가서 6년 동안 공부해요. 초등학생은 학교가 끝난 후 다양한 활동을 해요.

초등학교

중학교

중학생은 3년 동안 중학교에서 공부해요. 한국은 3월에 시작하는 1학기와 8월에 시작하는 2학기로 나누어져 있어요. 1학기가 끝나면 여름 방학을 하고 2학기가 끝나면 겨울 방학을 해요.

고등학교에 다니는 3년 동안 학생들은 대학에 가기 위해 공부를 많이 해요. 고등학교가 끝나고 대학교에 가요. 아침 7시부터 밤늦게까지 학교에서 공부를 해요. 또 부족한 공부를 도와주는 학원에 가서 공부해요.

고등학교

1 한국의 교육과 고향의 교육에 대해서 비교해 보세요.

	한국				고향	
얼마 동안 공부해요?	유치원 ____년	초등학교 ____년	중학교 ____년	고등학교 ____년		
또 무엇이 달라요?	유치원				유치원	
	초등학교				초등학교	
	중학교				중학교	
	고등학교				고등학교	

2 고향에도 학원이 있다면 어떤 학원이 있는지 친구들에게 소개해 보세요.

활동 3

※ 다음을 읽고 학습 활동을 해 보세요.

안녕하세요.
수원에 사는 아이 아빠입니다.
고민이 있어서 사연을 보냅니다.
저에게 예쁜 중학생 딸이 한 명 있습니다.
공부도 잘하고 제 말도 잘 듣는 착한 딸입니다.
그런데 어제 갑자기 공부하러 다른 나라에 가고 싶다고 합니다.
아직 어려서 가게 되면 아이 엄마와 같이 가야 합니다.
다른 나라에 가서 공부하면 돈도 많이 필요하겠지요?
저는 '기러기 아빠'가 되고 싶지 않습니다.
저는 어떻게 해야 할까요?

보내는 사람
수원에서 아이 아빠가

받는 사람
abc 방송국

1 친구와 같이 '기러기 아빠'에 대해서 이야기해 보세요.

1) '기러기 아빠'가 무슨 뜻이에요?	
2) 고향에도 비슷한 말이 있어요?	

2 자신이 편지 속의 주인공이 되어 이야기를 만들어 보세요.

아 빠 공부하러 다른 나라에 꼭 가야 해?
딸 네, 꼭 가고 싶어요.

아 빠

딸

아 빠

딸

아 빠

딸

아 빠

딸

아 빠

딸

정리하기

※ 다음 내용이 맞으면 ○, 틀리면 × 하세요.

내용	○/×
① 여름에 학기가 시작돼요.	
② 초등학교는 6년 동안 다녀요.	
③ 공부를 시작할 때 책거리를 해요.	
④ 고등학교를 졸업한 후 중학교에 가요.	
⑤ 가족이 다른 나라에 가서 공부하고 혼자 한국에서 생활하는 아버지를 '기러기 아빠'라고 해요.	

스스로 확인해 보세요

	상	중	하
1) 한국의 교육 문화를 이해할 수 있다.			
2) 한국과 고향의 교육 문화를 비교할 수 있다.			

어휘 익히기

사연	story	情由
종강	last day of the class	最后一课
학기	school term	学期
학원	private educational institute	补习学校
과외	private lesson	课外教学
공교육	public education	公营教育
사교육	private education	私营教育
교육열	education fever	教育热
조기 교육	early education	早期教育
의무 교육	compulsory education	义务教育

※ 다음 글자들을 결합해서 알맞은 어휘를 만들어 보세요.

기 열 육 종 원 교 공 학 강

⇓ ◆ 마지막 수업

⇓ ◆ 학교 수업 외에 받는 수업

⇓ ◆ 교육에 대한 관심

⇓ ◆ 학교에서 1년을 두 번 나눈 것

⇓ ◆ 초등학교, 중학교 등 나라에서 도와주는 교육

1. ________ 2. ________ 3. ________ 4. ________ 5. ________

쉼터

시험과 관련된 음식

찹쌀떡

시험에 붙다

미역국

미끄러져 떨어지다

한국에서는 중요한 시험을 보는 사람에게 특별한 선물을 해요. 시험에 붙으라는 뜻으로 찹쌀떡(또는 엿)을 선물해요. 찹쌀떡은 시험에 철썩 붙으라는 의미로 먹어요. 엿은 벽에 붙이면 쉽게 떨어지지 않아요. 계속 붙어 있어요. 하지만 시험 보기 전에 미역국은 먹지 않아요. 미역국에 들어가는 미역은 미끄러워요. '시험에 떨어졌어요'라는 말과 '시험에서 미끄러지다'라는 말은 같아요. 그러니까 시험 전에 미역국을 먹으면 안 되겠지요?

체험하기

※ 다음 교육 박물관을 보고 체험 학습을 해 보세요.

● 박물관에 있는 한국의 교복 중에서 마음에 드는 것을 골라 그려 보세요.

15 무슨 축제인데요?

학습 목표

* 한국의 축제 문화를 이해한다.
* 고향의 축제를 소개할 수 있다.

함께 이야기해 보세요.

1. 무슨 사진이에요?
2. 사람들의 기분은 어떨까요?

케 빈 이번 주말에 뭐해요?

릴 리 별일 없는데요. 왜요?

케 빈 그럼 우리 주말에 머드 축제에 가는 게 어때요?

릴 리 그게 무슨 축제인데요?

케 빈 보령에서 하는 유명한 축제예요. 진흙으로 마사지도 하고 놀이도 하는 축제예요. 그리고 바다에서 수영도 할 수 있어요.

릴 리 재미있겠네요. 여러 명이 같이 가면 더 좋겠어요.

케 빈 좋은 생각이네요. 그럼 우리 같이 교실로 가서 친구들한테 물어볼까요?

릴 리 좋아요.

···› 별일
any special plan
特别的事

···› 축제
festival
庆典

···› 진흙
mud
泥土

이해하기

1. 두 사람은 친구들과 이번 주말에 어디에 가려고 해요?
2. 보령 머드 축제에서 무엇을 할 수 있어요?

활동 1

조·별·활·동

※ 계절에 따라 각 지역에 어떤 축제가 있는지 알아보세요.

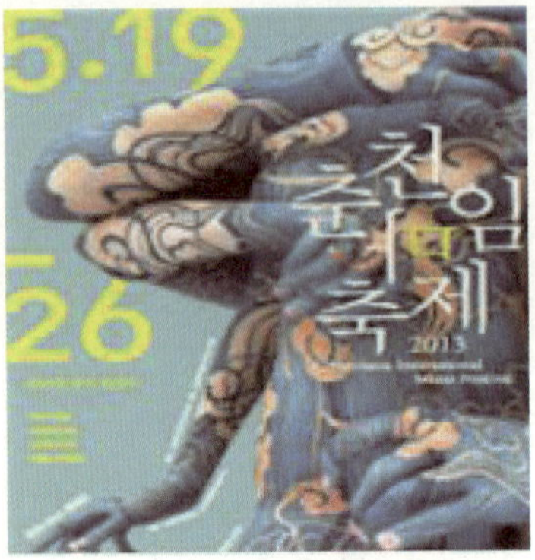

진해 군항제	함평 나비 대축제	춘천 마임 축제
3월 말 ~ 4월 초	4월 말 ~ 5월 초	5월 중순 ~ 5월 말
경남 창원시 진해구	전남 함평군	강원도 춘천시
벚꽃 구경하러 오세요.	꽃, 나비, 곤충을 보러 오세요. 전시관도 보고 체험도 해 보세요.	몸으로 어떻게 말하는지 보러 오세요.

강릉 단오제	무주 반딧불 축제	보령 머드 축제
5월 말 ~ 6월 중순 (음력 5월 5일 전후)	6월 초 ~ 6월 중순	7월 중순 ~ 7월 말
강원도 강릉시	전북 무주군	충남 보령시 대천해수욕장
명절 단오에 모든 마을 사람들이 함께 제사를 지내는 축제예요. 농사 풍년, 집안의 평안, 건강 등을 빌어요.	깨끗한 환경에서 사는 반딧불이 보러 오세요. 자연과 하나가 되는 환경 축제예요.	보령에서 나오는 진흙으로 여러 가지 체험을 해 보세요.

안동 국제 탈춤 페스티벌	하이 서울 페스티벌	부산 국제 영화제
9월 말 ~ 10월 초	10월 초	10월 초 ~ 10월 중순
경북 안동시	서울시 중구 서울광장 등	부산 해운대
한국 전통 문화 유산인 탈춤 도 구경하고 민속놀이 체험도 하러 오세요.	서울에서 매년 열리는 축제예요. 모든 사람들이 같이 참여해서 즐길 수 있어요.	한국 최초의 국제 영화 축제예요. 새로 나온 영화를 볼 수 있어요.

포항 호미곶 해맞이 축제	화천 산천어 축제	태백산 눈 축제
12월 31일 ~ 1월 1일	1월 초 ~ 1월 말	1월 중순 ~ 1월 말
경북 포항시 호미곶 해맞이 광장	강원도 화천군	강원 태백시 태백산
새해에 뜨는 해를 보러 포항으로 오세요. 소원도 빌고 사진도 찍어 보세요.	깨끗한 물에서만 사는 산천어 낚시하러 오세요. 겨울 놀이도 하고 여러 체험도 할 수 있어요.	눈의 왕국 아름다운 태백산으로 눈 구경하러 오세요.

1 친구들과 함께 어떤 축제에 갈 것인지 계획을 세워 보세요.

축 제 이름	
왜요?	
누구하고 가요?	
어떻게 가요?	
비용은 얼마나 필요해요?	
뭐가 필요해요?	
일정은요?	

활동 2

※ 다음 글을 읽고 학습 활동을 해 보세요.

지난주 금요일에 친구가 학교로 초대를 했습니다. 설레는 마음으로 축제에 갔는데 학교 입구부터 축제 분위기를 느낄 수 있었습니다. 친구를 만나서 학교 안으로 들어갔는데 재미있는 구경거리가 정말 많았습니다. 대학생들이 직접 만든 게임들은 정말 재미있어 보였습니다. 얼굴이나 손에 그림을 그리기도 하고 매운 고추를 빨리 먹는 게임을 하기도 했습니다. 또 여러 나라의 학생들이 서로 자기 나라의 음식을 만들어서 팔기도 했습니다. 저녁이 되고 여기저기에서 불이 켜졌습니다. 그리고 진짜 재미있는 축제가 시작이 되었습니다. 큰 운동장에는 여기저기 작은 식당들이 생기기 시작했습니다. 주점이라고 하는 작은 식당들은 음식도 팔고 술도 팔았습니다. 많은 사람들이 서로 어울려서 같이 놀고 축제를 즐겼습니다. 옆에 있는 무대에서는 학생들이 나와서 각자 준비한 장기자랑을 하기 시작했습니다. 노래도 부르고 춤도 추고 웃기는 이야기도 해 주고 정말 재미있는 무대였습니다. 대학교에는 그 학교를 대표하는 응원단이 있다고 합니다. 행사나 경기를 할 때에 응원단이 나와서 춤을 추면 힘이 생기기 때문이라고 합니다. 응원단의 멋있는 공연이 끝나고 초대 가수가 나왔는데 내가 제일 좋아하는 아이돌 그룹이었습니다. 정말 좋아서 시간이 가는 것도 모르고 늦게까지 놀다가 돌아왔습니다. 우리나라에 있는 학교 축제하고는 좀 달라서 정말 재미있었습니다.

1 위 글은 무엇에 대한 글인지 써 보세요. (   )

2 그림에 해당되는 단어를 윗글에서 찾아 쓰세요. 〈사진 출처: 경기대학교 〈경기소식〉〉

(   )

(   )

(   )

응원단

활동 3

조·별·활·동

※ 고향에는 어떤 유명한 축제가 있는지 소개해 보세요.

		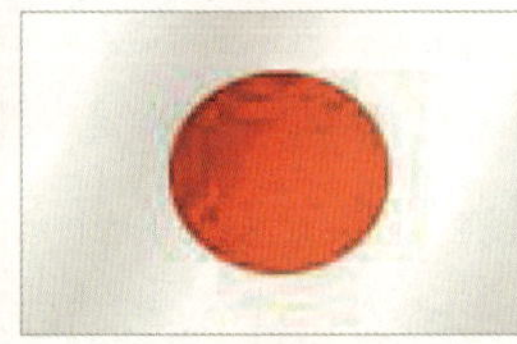	
중국	**몽골**	**일본**	**러시아**
하얼빈 빙등제	나담축제	삿뽀르 눈축제	러시안 겨울 축제

미국	**스페인**	**프랑스**	**독일**
할로윈데이	토마토축제	파리 에어쇼	옥토버페스트 맥주 축제

1 고향에는 어떤 축제가 유명해요?

나라	축제	언제	무엇을 해요?

2 자신이 좋아하는 축제의 안내문을 만들어 보고 발표해 보세요.

축제	
날짜	
장소	
준비물	
소개글	

정리하기

※ 다음 질문에 맞는 답을 써 보세요.

1. 여러분이 알고 있는 한국의 축제를 써 보세요.

(1) ______________________________

(2) ______________________________

(3) ______________________________

2. 한국에 있는 대학교 축제에 가면 무엇을 볼 수 있어요?

(1) ______________________________

(2) ______________________________

(3) ______________________________

스스로 확인해 보세요

	상	중	하
1) 한국의 축제에 대해서 이해할 수 있다.			
	상	중	하
2) 고향의 축제를 소개할 수 있다.			

어휘 익히기

탈춤	talchum mask dance,	假面舞
단오	Dano, the fifth day of the fifth month of the year according to the lunar calendar	端午
축제	festival	庆典
그네	swing	秋千
씨름	ssireum, Korean wrestling, wrestle	摔跤
즐기다	to enjoy	热爱
참여하다	to participate	参与
구경거리	spectacle	看头
설레다	one's heart flutters with fright	不平静
분위기	atmosphere	气氛
주점	bar	酒垆
유명하다	famous	有名

※ 다음 빈칸에 알맞은 단어를 써 보세요.

1. 한국에서는 음력 5월 5일을 ( )(이)라고 합니다.

2. 한국의 민속 운동 경기로 ( )이/가 있어요.

3. 내일 여행을 떠나는 날이라서 너무 ( ).

4. 우리 반 ( )이/가 아주 좋아서 수업 시간이 참 재미있어요.

5. 시장에 가면 이것저것 ( )이/가 정말 많아요.

쉼터

월	축제		
1월	산청곶감축제	자라섬 씽씽겨울축제	대관령눈꽃축제
	화천 산천어축제	남당항 새조개축제	태백산 눈축제
	인제빙어축제	국제펭귄수영축제	
2월	임진강 민속축제	봄맞이 휴애리 매화축제	고싸움놀이축제
	강릉 망월제	수영전통달집놀이	울진대게와붉은대게축제
3월	제주들불축제	거창하늘마을 덕유산고로쇠축제	방태산고로쇠축제
	무창포 주꾸미도다리축제	광양 매화문화축제	통영국제음악제
	통영굴축제	제주왕벚꽃축제	의성 산수유꽃축제
	구례 산수유축제	진도 신비의바닷길 축제	동백꽃주꾸미축제
4월	청산도슬로우걷기축제	진해군항제	논산딸기축제
	영덕대게축제	영암 왕인문화축제	동강할미꽃축제
	화개장터벚꽃축제	양평산수유축제	대저토마토축제
	기장 미역다시마축제	대가야체험축제	기지시 줄다리기축제
	경주벚꽃축제	신라도자기축제	한강여의도봄꽃축제
	이천백사산수유꽃축제	영취산진달래축제	가파도청보리축제
	청도소싸움축제	함안수박축제	낙동강유채축제
	수안보온천제	우도소라축제	한라산 청정고사리축제
	고창청보리밭축제	고려산진달래축제	울산고래축제
	가야문화축제(가락문화제)	태안 튜울립 꽃 축제	계룡산산신제
	함평나비축제	남원춘향제	단종문화제
	광안리 어방축제	아산 성웅 이순신축제	고창갯벌체험축제
	강화 고인돌문화축제	전통찻사발축제	장고항 실치축제
5월	목포도자기축제	꽁당보리축제	영주선비문화축제
	전주한지문화축제	울산옹기축제	밀양 아리랑 대축제
	담양 대나무축제	조선통신사축제	영산포홍어축제
	여수거북선축제	한국과자축제	부산연등축제
	연등회 연등축제	울산쇠부리축제	한진포구바지락갯벌체험축제
	황매산 철쭉제	보성다향제	화순힐링푸드페스티벌
	하동 야생차문화축제	양구곰취축제	서천자연산광어도미축제
	남해미조멸치축제	춘천마임축제	음성품바축제
	용대리 황태축제	곡성세계장미축제	금정산성 역사문화축제
	광산우리밀문화축제	신평왜가리축제	보물섬마늘축제
	부산항축제	부산국제무용제	익산서동축제

쉼터

6월	무주반딧불축제	장항항 수산물 꼴갑축제	한산모시문화제
	해운대모래축제	강릉단오제	법성포단오제
	전주단오제	옥포대첩기념제전	추자도 참굴비대축제
	세종대왕과초정약수축제	강화약쑥축제	고창복분자와 수박축제
	여자만갯벌노을축제	퇴촌 토마토축제	팔봉산 감자축제
	태안백합꽃축제	춘천 닭갈비.막국수 축제	메기수염축제
7월	통영연극예술축제	수평선축제	의성마늘축제
	부여 서동연꽃축제	보령머드축제	무안연꽃축제
	충주호수축제	거창국제연극제	포항국제불빛축제
	영광갯벌축제	정남진물축제	강진청자축제
	고한 함백산야생화축제	태백 해바라기축제	봉화은어축제
	화천쪽배축제	장사항오징어맨손잡기축제	강원감영문화제
8월	남원허브&블랙푸드축제	부산바다축제	함양산삼축제
	양구배꼽축제	홍천 찰옥수수축제	화천토마토축제
	영월동강축제	목포 해양문화축제	울릉도 오징어축제
	사천세계타악축제	도두 오래물축제	통영한산대첩축제
	부천국제만화축제	거문도백도은빛바다축제	고창 갯벌체험축제
	무창포 신비의바닷길축제	치악산복숭아축제	충주복숭아축제
	명지전어축제	영동포도축제	청양고추구기자축제
	화성포도축제	마산 어시장축제	선인장페스티벌
	횡성더덕축제	해풍고추축제	
9월	괴산고추축제	원주한지문화제	다산문화제
	산청세계전통의약엑스포	충주세계무술축제	금산인삼축제
	광양전어축제	광주디자인비엔날레	영도다리축제
	효석문화제	한우랑사과랑축제	시흥갯골축제
	사북 석탄문화제	파주포크페스티벌	북촌뮤직페스티벌
	설성문화제와 음성청결고추축제	청주직지축제	경주세계피리축제
	보성전어축제	황순원문학제	마량미항축제
	동해 오징어축제	전국돌문화축제	겸면목화축제
	문경오미자축제	상월명품고구마축제	우륵문화제
	과천 한마당축제	홍성내포문화축제	안동국제탈춤페스티벌
	명량대첩축제	서귀포 칠십리축제	함양 물레방아골축제
	수원화성문화제	봉화송이축제	백제문화제
	공주알밤축제	제천한방바이오엑스포	여주도자기축제

쉼터

10월	진주남강유등축제	천안 흥타령축제	안흥찐빵축제
	전주세계소리축제	횡성한우축제	김제지평선축제
	영천한약장수축제	정선아리랑제	심청효문화대축제
	양양송이축제	풍기인삼축제	부산국제영화제
	자라섬재즈페스티벌	고양호수예술축제	대한민국와인축제
	강릉커피축제	영동난계국악축제	개천예술제
	한성백제문화제	삼길포우럭축제	서울국제공연예술제
	산청한방약초축제	정읍 구절초축제	고양막걸리축제
	세계김치문화축제	부산자갈치축제	단양온달문화축제
	아줌마대축제	낙동강 1300리 구포나루대축제	토지문학제
	문경 사과축제	남명선비문화축제	구례 동편제소리축제
	문경한우축제	소래포구축제	보은대추축제
	욕지섬문화축제	서편제보성소리축제	케이팝 월드 페스티벌
	김해분청도자기축제	고성명태축제	전주비빔밥축제
	부산세계불꽃축제	순천만갈대축제	벌교꼬막축제
11월	서울사진축제	장성 백양단풍축제	진영단감제
	충주사과축제	창원단감축제	무주천마축제
	최남단방어축제	하동녹차 참숭어축제	여주오곡나루축제
	여주쌀고구마축제	포항구룡포 과메기축제	속초 양미리축제
	파주장단콩축체	군산세계철새축제	펀치볼 시래기축제
	물치항 도루묵 축제	신안 애기동백 꽃축제	크리스마스트리문화축제
12월	천북 굴축제	양촌곶감축제	주남저수지 철새축제
	보성차밭 빛축제	거제 대구수산물축제	영동곶감축제
	평창송어축제	물맑은양평빙어축제	영월동강겨울축제
	홍천강꽁꽁축제	백운계곡동장군축제	호미곶 해맞이축전
	경포해돋이축제	영덕해맞이축제	정동진해돋이축제

체험하기

※ 축제에 가 본 경험을 친구에게 편지로 써 보세요.

에게

보냄

부록

- 한국어 초급 학습자용 문화 어휘 900개 -

어휘	품사	뜻
가게	명사	
가격	명사	
가깝다	형용사	
가방	명사	
가볍다	형용사	
가수	명사	
가요	명사	
가운데	명사	
가위	명사	
가을	명사	
가져가다	동사	
가져오다	동사	
가족	명사	
가지다	동사	
간단하다	형용사	
간식	명사	
간장	명사	
갈비	명사	
갈비탕	명사	
갈아타다	동사	
감	명사	과일
감기	명사	
감다	동사	
감동	명사	
감사하다	동사	
감자	명사	
값	명사	

어휘	품사	뜻
강	명사	江
갖다	동사	가지다' 축약
같다	형용사	
개인	명사	
거리	명사	
거실	명사	
거울	명사	
건강하다	형용사	
건너가다	동사	
건너다	동사	
건너편	명사	
건물	명사	
걷다	동사	길을 ~
걸다	동사	
걸리다	동사	
게임	명사	
겨울	명사	
결혼식	명사	
결혼하다	동사	
경기	명사	
경기장	명사	
경복궁	명사	
경주	명사	지명
경치	명사	
경험	명사	
계단	명사	
계란	명사	

어휘	품사	뜻
계산하다	동사	
계시다	동사	
계절	명사	
계획	명사	
고기	명사	
고등학교	명사	
고등학생	명사	
고르다	동사	
고맙다	형용사	
고모	명사	
고모부	명사	
고속버스	명사	
고장	명사	~이 나다
고추	명사	
고추장	명사	
고치다	동사	
고프다	형용사	
고향	명사	
골프	명사	
곳	명사	
공	명사	
공기	명사	
공연	명사	
공원	명사	
공중전화	명사	
공짜	명사	
공책	명사	

어휘	품사	뜻
공항	명사	
공휴일	명사	
과거	명사	
과일	명사	
과자	명사	
관계	명사	
관광하다	동사	
관심	명사	
광고	명사	
괜찮다	형용사	
교과서	명사	
교수	명사	
교실	명사	
교통	명사	
교통사고	명사	
구경하다	동사	
구두	명사	
구월	명사	
구하다	동사	
국	명사	음식
국내	명사	
국립	명사	
국수	명사	
굽다	동사	고기를 ~
귀엽다	형용사	
귤	명사	
그날	명사	

어휘	품사	뜻
그램	명사	(g)
그릇	명사	
그리다	동사	그림을 ~
그림	명사	
극장	명사	
금요일	명사	
급하다	형용사	
기다리다	동사	
기르다	동사	
기름	명사	
기분	명사	
기뻐하다	동사	
기쁘다	형용사	
기사 01	명사	택시~
기사 02	명사	신문~
기차	명사	
길	명사	
길다	상태동사	머리가 ~
김밥	명사	
김치	명사	
김치찌개	명사	
까만색	명사	
까맣다	형용사	
깎다	동사	
깨끗하다	형용사	
깨다	동사	유리를 ~
깨지다	동사	

어휘	품사	뜻
꺼내다	동사	
껌	명사	
꽃	명사	
꽃집	명사	
꾸다	동사	꿈을 ~
끄다	동사	
끓이다	동사	
끝나다	동사	
끝내다	동사	
끼다	동사	반지를 ~
나가다	동사	
나누다	동사	
나라	명사	
나무	명사	
나쁘다	형용사	
나오다	동사	
나이	명사	
낚시	명사	
날	명사	
날씨	명사	
날짜	명사	
남기다	동사	
남동생	명사	
남산	명사	
남편	명사	
낮	명사	
낮다	형용사	

어휘	품사	뜻
내다	동사	길을 ~
내려가다	동사	
내려오다	동사	
내리다	동사	
내일	명사	
냄비	명사	
냄새	명사	
냉면	명사	
냉장고	명사	
넓다	형용사	
넘다	동사	
넘어지다	동사	
넣다	동사	
넥타이	명사	
노래	명사	
노래방	명사	
노력하다	동사	
녹차	명사	
놀다	동사	
놀라다	동사	
농구	명사	
높다	형용사	
놓다	동사	
누나	명사	
누르다	동사	
눈	명사	~이 내리다
눈물	명사	

어휘	품사	뜻
눈사람	명사	
눈싸움	명사	
눕다	동사	
느끼다	동사	
느리다	형용사	
늘다	동사	
늦다	형용사,동사	
다녀오다	동사	
다니다	동사	
다르다	형용사	
다리	명사	~를 건너다
다이어트	명사	
닦다	동사	
닫다	동사	
달	명사	~이 밝다
달다	상태동사	맛
달러	명사	
달력	명사	
달리다	동사	
닭	명사	
닮다	동사	
담그다	동사	
당근	명사	
대답하다	동사	
대사관	명사	
대학	명사	
대학교	명사	

어휘	품사	뜻	어휘	품사	뜻
대학생	명사		두껍다	형용사	
대학원	명사		두다	동사	
대학원생	명사		두부	명사	음식
대한민국	명사		뒤	명사	
대화	명사		드라마	명사	
더럽다	형용사		드리다	동사	
덥다	형용사		드시다	동사	
덮다	동사		듣다	동사	
데리다	동사		들다	동사	가방을 ~
데이트	명사		들어가다	동사	
도로	명사	道路	들어오다	동사	
도서관	명사		등산	명사	
도와주다	동사		등산복	명사	
도착하다	동사		등산화	명사	
독서	명사		따뜻하다	형용사	
독일	명사		딸	명사	
돈	명사		딸기	명사	
돌아가다	동사		떠나다	동사	
돌아오다	동사		떠들다	동사	
돕다	동사		떡	명사	
동생	명사		떡국	명사	
동아리	명사		떡볶이	명사	
동전	명사		떨어지다	동사	
돼지	명사		똑같다	형용사	
되다	동사		뛰다	동사	
된장	명사		뜨겁다	형용사	
된장찌개	명사		라디오	명사	

어휘	품사	뜻
라면	명사	
러시아	명사	
마늘	명사	
마르다	동사	목이 ~
마시다	동사	
막히다	동사	
만나다	동사	
만두	명사	
만들다	동사	
만지다	동사	
많다	형용사	
말	명사	~과 글
말씀하다	동사	
말하기	명사	
말하다	동사	
맑다	형용사	
맛	명사	
맛없다	형용사	
맛있다	형용사	
맞다	동사	
매다	동사	
맥주	명사	
맵다	형용사	
먹다	동사	
멀다	형용사	
멋있다	형용사	
메뉴	명사	

어휘	품사	뜻
메다	동사	
메모	명사	
메시지	명사	
멕시코	명사	
명절	명사	
모르다	동사	
목요일	명사	
못하다	동사	
몽골	명사	
무	명사	야채
무겁다	형용사	
무궁화	명사	
무료	명사	
무섭다	형용사	
문	명사	門
문화	명사	
묻다	동사	길을 ~
물	명사	
물건	명사	
물어보다	동사	
미국	명사	
미래	명사	
미술	명사	
미술관	명사	
미안하다	형용사	
미용실	명사	
민속촌	명사	

어휘	품사	뜻
밀가루	명사	
밀리다	동사	
밑	명사	아래
바꾸다	동사	
바뀌다	동사	
바나나	명사	
바다	명사	
바닷가	명사	
바람	명사	
바쁘다	형용사	
바지	명사	
박물관	명사	
반갑다	형용사	
반바지	명사	
반지	명사	
반찬	명사	
받다	동사	
밝다	형용사	
밤01	명사	↔낮
밥	명사	
방	명사	
방법	명사	
방학	명사	
배01	명사	신체
배02	명사	~를 타다
배03	명사	과일
배고프다	형용사	

어휘	품사	뜻
배구	명사	
배달	명사	
배부르다	형용사	
배우	명사	
배우다	동사	
백화점	명사	
버리다	동사	
버스	명사	
번호	명사	
벗다	동사	
벚꽃	명사	
베트남	명사	
별	명사	星
보내다	동사	
보다	동사	
복숭아	명사	
복잡하다	형용사	
볶다	동사	
볶음밥	명사	
볼펜	명사	
봄	명사	
봉지	명사	
봉투	명사	
뵙다	동사	
부동산	명사	
부드럽다	형용사	
부르다	동사	

어휘	품사	뜻
부모	명사	
부부	명사	
부산	명사	지명
부엌	명사	
부인	명사	夫人
부지런하다	형용사	
부치다	동사	
불	명사	
불고기	명사	
불다	동사	
붓다	동사	
붙다	동사	
붙이다	동사	
브라질	명사	
블라우스	명사	
비	명사	~가 오다
비누	명사	
비디오	명사	
비빔밥	명사	
비슷하다	형용사	
비싸다	형용사	
비행기	명사	
빌딩	명사	
빌리다	동사	
빠르다	형용사	
빨다	동사	옷을 ~
빨래	명사	
빵	명사	
빵집	명사	
빼다	동사	
사거리	명사	
사계절	명사	
사고	명사	~가 나다
사과	명사	과일
사다	동사	
사람	명사	
사용하다	동사	
사이즈	명사	
사장	명사	
사전	명사	
사진	명사	
사진기	명사	
사촌	명사	
산	명사	
산책	명사	
살다	동사	
삼거리	명사	
삼계탕	명사	
삼촌	명사	
새우	명사	
색	명사	
샌드위치	명사	
생선	명사	
생신	명사	

어휘	품사	뜻
생일	명사	
생활	명사	
샴푸	명사	
서비스	명사	
서울	명사	
서울역	명사	
서점	명사	
선배	명사	
선생님	명사	
선택하다	동사	
설거지	명사	
설날	명사	
설렁탕	명사	
설명하다	동사	
설악산	명사	
설탕	명사	
성격	명사	
성함	명사	
세계	명사	
세수하다	동사	
세일하다	동사	
세탁기	명사	
세탁소	명사	
소	명사	
소개하다	명사	
소고기	명사	
소금	명사	

어휘	품사	뜻
소리	명사	
소설	명사	
소식	명사	
소파	명사	
속	명사	
손님	명사	
손수건	명사	
쇼핑	동사	
수박	명사	
수업	명사	
수영	명사	
수영복	명사	
수영장	명사	
숙제	명사	
술	명사	
쉬다	동사	주말에 ~
쉽다	형용사	
슈퍼마켓	명사	
스웨터	명사	
스케이트	명사	
스키	명사	
스키장	명사	
스포츠	명사	
슬퍼하다	동사	
슬프다	형용사	
시	명사	市
시간	명사	

어휘	품사	뜻
시간표	명사	
시계	명사	
시끄럽다	형용사	
시다	형용사	맛
시외	명사	
시원하다	형용사	
시장	명사	
시키다	동사	
시험	명사	
식당	명사	
식사	명사	
신다	동사	
신문	명사	
신발	명사	
신청하다	동사	
신호등	명사	
싫다	형용사	
싫어하다	동사	
심하다	형용사	
싱겁다	형용사	
싸다	형용사	값이 ~
싸다	동사	물건을 ~
쌀	명사	
쌓이다	동사	
썰다	동사	
쓰기	명사	
쓰다	형용사	맛

어휘	품사	뜻
쓰다01	동사	글을 ~
쓰다02	동사	모자를 ~
쓰다03	동사	사용하다
쓰레기	명사	
씹다	동사	껌을 ~
씻다	동사	
아가씨	명사	
아기	명사	
아내	명사	
아니다	형용사	
아들	명사	
아래	명사	
아름답다	형용사	
아버지	명사	
아빠	명사	
아시아	명사	
아이	명사	
아이스크림	명사	
아저씨	명사	
아주머니	명사	
아줌마	명사	
아침	명사	시간
아침	명사	아침밥
아파트	명사	
아프다	형용사	
안	명사	건물 ~
안경	명사	

어휘	품사	뜻
안내하다	동사	
안다	동사	
앉다	동사	
알다	동사	
알맞다	형용사	
액세서리	명사	
야구	명사	
야채	명사	
약	명사	~을 먹다
약국	명사	
약속	명사	
얇다	형용사	
양	명사	量
양말	명사	
양복	명사	
양파	명사	
얘기하다	동사	
어둡다	형용사	
어렵다	형용사	
어른	명사	
어리다	형용사	
어린이	명사	
어머니	명사	
어울리다	동사	
언니	명사	
얼굴	명사	
얼음	명사	

어휘	품사	뜻
엄마	명사	
없다	형용사	
에어컨	명사	
엘리베이터	명사	
여권	명사	
여동생	명사	
여름	명사	
여행	명사	
여행사	명사	
역	명사	
역사	명사	
연락처	명사	
연세	명사	
연습하다	동사	
연예인	명사	
연필	명사	
연휴	명사	
열다	동사	
열리다	동사	
열쇠	명사	
열차	명사	
엽서	명사	
영국	명사	
영어02	명사	
영화	명사	
영화관	명사	
영화배우	명사	

어휘	품사	뜻
영화표	명사	
예쁘다	형용사	
예약	명사	
옛날	명사	
오다	동사	
오렌지	명사	
오르다	동사	
오리	명사	동물
오빠	명사	
오이	명사	채소
오징어	명사	
올라가다	동사	
올라오다	동사	
올림픽	명사	
옮기다	동사	
옷	명사	
옷장	명사	
와이셔츠	명사	
외국	명사	
외국어	명사	
외국인	명사	
외롭다	형용사	
외삼촌	명사	
외숙모	명사	
외출하다	동사	
외할머니	명사	
외할아버지	명사	

어휘	품사	뜻
요금	명사	
요리	명사	
우리나라	명사	
우산	명사	
우유	명사	
우체국	명사	
우표	명사	
운동복	명사	
운동선수	명사	
운동장	명사	
운동하다	동사	
운동화	명사	
운전하다	동사	
울다	동사	
울리다	동사	
움직이다	동사	
웃기다	동사	
웃다	동사	
원피스	명사	
원하다	동사	
월드컵	명사	
월세	명사	
위치	명사	
위험하다	형용사	
유럽	명사	
유리	명사	
유명하다	형용사	

어휘	품사	뜻
유학	명사	
유학생	명사	
유행	명사	
은행	명사	
은행원	명사	
음료수	명사	
음식	명사	
음악	명사	
이름	명사	
이메일	명사	e-mail
이모	명사	
이모부	명사	
이사	명사	
이상하다	형용사	
이야기하다	동사	
이용하다	명사	
이해하다	동사	
인기	명사	
인사하다	동사	
인삼	명사	
인천	명사	
인터넷	명사	
인형	명사	
일기예보	명사	
일본	명사	
일어나다	동사	
일하다	동사	

어휘	품사	뜻
읽기	명사	
읽다	동사	
잃다	동사	
잃어버리다	동사	
입	명사	
입구	명사	
입다	동사	
입학	명사	
있다	형용사,동사	
잊다	동사	
자다	동사	
자동차	명사	
자르다	동사	
자연	명사	
자장면	명사	
자전거	명사	
작다	형용사	
작은아버지	명사	
작은어머니	명사	
잔	명사	커피 한 ~
잔치	명사	
잘생기다	형용사	
잘하다	동사	
잠	명사	
잠자다	동사	
잡다	동사	손을 ~
잡수시다	동사	

어휘	품사	뜻
장소	명사	
재료	명사	
재미없다	형용사	
재미있다	형용사	
재킷	명사	
저녁	명사	시간
저녁	명사	저녁밥
적다	동사	쓰다
적다	형용사	수량
절	명사	寺
젊다	형용사	
점심	명사	시간
점심	명사	점심밥
점퍼	명사	
정거장	명사	
정류장	명사	
정리하다	동사	
정하다	동사	
제주도	명사	
조사하다	동사	
조심하다	동사	
조용하다	형용사	
조카	명사	
졸업하다	동사	
좁다	형용사	
좋다	형용사	
좋아하다	동사	

어휘	품사	뜻
죄송하다	형용사	
주다	동사	
주머니	명사	
주무시다	동사	
주문하다	동사	
주부	명사	
주스	명사	
주인	명사	
주차장	명사	
주차하다	동사	
죽	명사	
죽다	동사	
준비하다	동사	
줄다	동사	
중국	명사	
중요하다	형용사	
중학교	명사	
중학생	명사	
즐거워하다	동사	
즐겁다	형용사	
즐기다	동사	
지갑	명사	
지나다	동사	
지내다	동사	
지도	명사	地圖
지우개	명사	
지키다	동사	약속을 ~

어휘	품사	뜻
지하	명사	
지하도	명사	
지하철	명사	
지하철역	명사	
진달래	명사	
짐	명사	
집	명사	
짓다	동사	
짜다	형용사	
짧다	형용사	
찌개	명사	
찍다	동사	
차	명사	~를 마시다
차	명사	자동차
차갑다	형용사	
차리다	동사	
착하다	형용사	
창문	명사	
찾다	동사	
찾아가다	동사	
찾아오다	동사	
채소	명사	
책	명사	
책상	명사	
청바지	명사	
청소하다	동사	
초대하다	동사	

어휘	품사	뜻
초등학교	명사	
초등학생	명사	
촬영하다	동사	
추다	동사	춤을 ~
추석	명사	
축구	명사	
축제	명사	
축하하다	동사	
출근하다	동사	
출발하다	동사	
춤	명사	
춤추다	동사	
춥다	형용사	
취미	명사	
취소하다	동사	
취직하다	동사	
치다	동사	테니스를 ~
치마	명사	
친구	명사	
친절하다	형용사	
친척	명사	
친하다	형용사	
칼	명사	
캐나다	명사	
커피	명사	
컴퓨터	명사	
컵	명사	

어휘	품사	뜻
켜다	동사	텔레비전을 ~
코트	명사	
콩	명사	
크다	형용사	
크리스마스	명사	
큰아버지	명사	
큰어머니	명사	
키	명사	
킬로그램	명사	(kg)
킬로미터	명사	(km)
타다	동사	버스를 ~
탁구	명사	
태국	명사	
태권도	명사	
태어나다	동사	
택시	명사	
탤런트	명사	
터미널	명사	
테니스	명사	
텔레비전	명사	
토마토	명사	
통하다	동사	
퇴근하다	동사	
틀다	동사	라디오를 ~
틀리다	동사	
티셔츠	명사	
팀	명사	

어휘	품사	뜻
파	명사	채소
파티	명사	
팔다	동사	
팔리다	동사	
패션	명사	
펴다	동사	
편지	명사	
편하다	형용사	
포도	명사	
포장	명사	
표	명사	
풀	명사	식
풀다	동사	
프랑스	명사	
피곤하다	형용사	
피다	동사	
피아노	명사	
피우다	동사	
피자	명사	
필요하다	형용사	
하다	동사	
하숙	명사	
하숙집	명사	
학교	명사	
학기	명사	
학년	명사	
학생	명사	

어휘	품사	뜻
학생증	명사	
학원	명사	
한강	명사	
한국	명사	
한글	명사	
한복	명사	
한자	명사	
할머니	명사	
할아버지	명사	
할인	명사	
합격	명사	
해	명사	~가 뜨다
해외	명사	
해외여행	명사	
핸드폰	명사	
햄버거	명사	
형	명사	
형제	명사	
호랑이	명사	
호주	명사	나라
호텔	명사	
홈페이지	명사	
화나다	동사	
화내다	동사	
화장실	명사	
화장품	명사	
확인하다	동사	

어휘	품사	뜻
환영하다	동사	
횡단보도	명사	
후배	명사	
휴대전화	명사	
휴일	명사	
휴지	명사	
휴지통	명사	
흐리다	형용사	
힘들다	형용사	

한국어 학습자를 위한
한국 문화와 어휘

1판 1쇄 발행 2014년 4월 20일
1판 2쇄 발행 2019년 9월 20일

지은이 | 신호철 · 이현희 · 배현대 · 박아현 · 김보경 · 오지영 · 이진주 · 김의정 · 안경숙 · 김미정
펴낸이 | 김진수
펴낸곳 | 한국문화사
등 록 | 제1994-9호
주 소 | 서울특별시 성동구 광나루로 130 서울숲 IT캐슬 1310호
전 화 | 02-464-7708
팩 스 | 02-499-0846
이메일 | hkm7708@hanmail.net
웹사이트 | www.hankookmunhwasa.co.kr

ISBN 978-89-6817-126-0 13710